앗! 월급도 주나요?
교사 출신 사범대 교수의 행복한 캠퍼스 에세이

앗! 월급도 주나요?
교사 출신 사범대 교수의 행복한 캠퍼스 에세이

1판 1쇄 발행   2025년 6월 18일

지 은 이 | 이길영
펴 낸 이 | 김진수
펴 낸 곳 | 한국문화사
등   록 | 제1994-9호
주   소 | 서울시 성동구 아차산로49, 404호 (성수동1가, 서울숲코오롱디지털타워3차)
전   화 | 02-464-7708
팩   스 | 02-499-0846
이 메 일 | hkm7708@daum.net
홈페이지 | http://hph.co.kr

ISBN   979-11-6919-321-4   03810

· 이 책의 내용은 저작권법에 따라 보호받고 있습니다.
· 잘못된 책은 구매처에서 바꾸어 드립니다.
· 책값은 뒤표지에 있습니다.

오류를 발견하셨다면 이메일이나 홈페이지를 통해 제보해주세요.
소중한 의견을 모아 더 좋은 책을 만들겠습니다.

교사 출신 사범대 교수의
행복한 캠퍼스 에세이

앗!
월급도 주나요?

이길영

한국문화사

들어가는 말

나는 사범대 교수이다. 장래 중등학교 교사로 나아갈 예비교사를 가르치는 사람이다. 고등학교 교사로 4년간 가르쳤고 이후 사범대학의 교수로 27년째 살아가고 있다. 교사가 청소년들을 가르치며 그들의 성장을 통해 얻는 보람이 상당하다면, 그러한 교사를 양성하는 사범대 교수의 보람도 그에 못지않다 할 것이다. 교육의 현장에서 교사들이 될 후학들과 삶을 함께 살아내는 이 보람을 어찌 말로 다 할 수 있으랴!

세월이 갈수록, 교육자는 교육 대상인 학습자가 어떤 목표를 두고 그 일을 할 수 있도록 준비시키는 계획자로서의 의미뿐 아니라, 현재의 삶 속에서 경험하며 문제를 해결하는 과정을 배워나가는 데 있어서 촉진자 역할을 하고 있다는 점이 매우 중요하다고 생각하게 된다. 그런 관점에서 볼 때 존 듀이(John Dewey)가 이야기한 '교육은 삶의 준비가 아니라, 삶 자체이다'라는 말에 고개가 끄덕여진다.

교수가 대학에서 연구와 교수 및 봉사의 3대 기능을 동일하게 수행한다 할지라도, 학문 분야마다 그 안에서 가르치는 교수의 정체성은 그 학문의 특수성에 따라 조금씩 다르다고 할 수 있다. 특별히 의대나 사범대에서와 같이 소위 Helping professional(다른 이들을 돕는 전문가)

을 양성하는 교수는 학문을 가르치는 태도에서나 학생들에게 접근하는 방법이 일반 단과대학 교수와는 달라야 한다고 생각한다.

매년 1월이면 대학의 전공 지원을 앞둔 입시생을 대상으로 학교에서 '전공 탐색'이라는 행사가 열린다. 전공특강을 개최하고 아울러 학과 부스를 운영하면서, 아직 전공을 최종적으로 결정하기 전 단계에 있는 입시생들의 질문을 받고 정보를 제공한다. 영어교육과의 전공특강에 온 입시생들에게 나는 학과장으로서 언제나 시작은 다음과 같이 한다.

> "많은 전공 가운데 우리 영어교육과에 관심을 가지고 이 자리에 온 여러분은 우리의 삶 가운데 무엇이 중요하고 무엇이 우리 삶에 보람을 느끼게 하는지 아는 분들이라 생각합니다. 만약에 돈이 우선순위에 있다면 경영학과나 다른 학과를 선택하였을 것입니다. 아시겠지만 우리 학과를 졸업하여 교사가 된다는 것은 물질하고는 거리가 있는 직업입니다. 그럼에도 이 자리에 온 여러분은 특별히 후학을 가르치는 것에 대한 중요성과 가치를 아는 이들이라 생각하여, 그런 생각을 하는 여러분이 자랑스럽고 그런 여러분에게 경의를 표합니다."

헨리 반 다이크 (Henry Van Dyke)는 그가 쓴 시 '무명교사 예찬'에서 비록 교사를 위하여 부는 나팔이 없지만, 교사보다 더 예찬을 받아야 할 다른 이가 없는 이유는 그가 켜는 수많은 촛불로 인할 것이고 그 빛은 후일에 되돌아 그를 기쁘게 할 것이니 이것이 그가 받는 보상일 것이라고 묘사했다.

교사의 정체성이 그러하다면 교사를 양성하는 사범대 교수는 더욱 낮은 자리에서 겸손하게 예비교사인 학생을 섬기며 삶을 함께하는 일일 것이다. '황금마차가 기다리지 않고 가슴에 빛나는 훈장을 갖고 있지 않지만 수많은 촛불을 켤' 제자를 신나게 가르치며 삶을 나누는 다음 세대 전승자이리라.

이 책을 준비하면서 교사로서 그리고 사범대 교사로서의 삶과 그 역할을 생각해 보았다. 또 개인적으로 나의 지난 교육자로서의 생활을 반추하는 시간이 될 수 있었다. 진작에 성찰하는 시간을 가졌어야 함에도 이제야 그런 시간을 가지게 된 것이 부끄럽다. 그러나 이제라도 할 수 있으니 다행이고 감사하다. 지난 32년간의 교사 그리고 사범대 교수로서의 삶, 부족함도 많았으나 보람도 있었던 그 시간을 성찰해 본다.

이 책은 교사였던 나의 내면과 또 내가 사범대 교수가 되면서 누리고 있는 나의 내적 공간의 행복한 모습을 그때 그 시간의 감동을 기억하면서 조심스럽게 내어놓고자 하는 마음으로 다음의 내용을 중심으로 쓰게 되었다.

대학 졸업과 동시에 대기업 종합상사에 근무하기 시작했던 내가 어떤 경로를 거쳐 학교로 가게 되었는지에 대한 이야기가 있다. 인생의 중요한 변곡점에서 지금 생각해도 참 신기한 방향 전환의 기회가 있었고, 감사하게도 지금 생각해 보면 그 지혜로운 결정을 한 것이 두고두고 기특하다고 느낀다.

아울러, 오래전이지만 고교 교사로서의 기억은 여전히 나의 삶의 일부이다. 이화여고에서 교편을 잡은 것이 1989년인데 초임 교사로서의 흥분과 감동은 30년도 훨씬 지난 지금도 나를 사로잡고 있으며 그때 받은 영감은 내가 사범대 교수로서 일하는 데 절대적 역할을 하고 있음을 확언할 수 있다. 사범대 학생들에게 수업이든, 상담이든, '교사'에 대한 관념이 허공이 아닌 실제적인 이야기로 재구성되어, 나의 교사 경험은 진로 결정의 시간에 지푸라기라도 잡고자 하는 학생들에게 나름 역할을 하고 있기 때문이다.

또 하나는 유학을 마치고 돌아온 1998년 초임 교수로서 일하기 시작한 영남대 사범대 영어교육과 교수 시절의 이야기도 역시 나의 중요한 삶의 일부임을 부정할 수 없다. 그때 나는 중등교육 현장을 경험한 젊은 교과교육 전공 초임 교수로서, 원하는 것은 뭐든지 다 해 보라는 학장의 말에 따라 실제 원하는 것을 해 본 시기이며 행복한 에너지가 분출한 시기이다.

마지막으로 한국외국어대학교 (한국외대 혹은 외대) 사범대 영어교육과로 옮겨 가르치기 시작한 2003년 이후의 한국외대 시절의 이야기이다. 외대에 온 초반에는 영남대에 이어 여전히 젊은 패기로 교사교육 활동을 도전정신으로 감행하던 시기였다. 아울러 연수가 더해지면서 학생들과 긴밀히 상호교류하는 기쁨을 느끼면서 제자들이 교사로 양육되는 행복을 누리게 되었다. 사범대 교수의 특권이리라.

사범대 재학시절 예비교사로서 훈련을 받고, 졸업 후 현장에서 4년여 동안 영어 교사로서 일하다가, 이윽고 영어 교사를 양성하는 사범대 교수로 일한 지 25년이 넘었으니 교단에서 30여 년을 살았다. 생각해 보면 감사와 보람이 넘치는 삶의 연속이었다. 누가 만약 내게 다시 태어나도 동일한 일을 할 것인가라고 물어본다면, 주저함 없이 그렇다고 이야기할 수 있는 것만으로도 행복하다.

2025년 5월
외대 이문 캠퍼스 연구실에서

차례

들어가는 말 · 4

 **1부** 일곱 명의 교사가 한 집안에

1장 '교육'의 제방을 따라가는 도도한 흐름

1 ─ 교장 선생님, 큰아버지와 아버지 · 19
2 ─ 사범대 영어교육과로 진학, 그런데 대기업으로 · 24
3 ─ 고액 연봉과 해외연수를 뿌리치고 학교로 · 26
4 ─ 비로소 제자리를 찾은 마음의 안식 · 31

2장 가슴이 터질 것 같았던 이화여고 시절

1 ─ 설렘과 경외함이 교차되어 · 35
2 ─ '앗! 월급도 주나요?' · 39
3 ─ 총각 영어 교사에 대한 과분한 시선 · 42
4 ─ 매일 노래로 시작한 아침 조회 · 44
5 ─ 17세 여고생들 앞에 순진했던 나 · 46
6 ─ 오고야 만 첫 촌지 해프닝 · 50
7 ─ 유관순 우물터에서 시작한 작은 찬양의 모임 · 54

8	체중미달이라 안타까워 울던 학생들	• 56
9	'영선아, 미안해…'	• 58
10	교장 선생님에게 포옥 안기며 한 결심	• 60
11	담임 반 여고생들과 신년 초, 눈 덮인 북한산 정상에	• 62
12	공강 시간이면 인근 교회로 달려가 묻고 또 묻다 '유학!'	• 66
13	온화한 카리스마, 심치선 할머니 교장 선생님	• 70

 **2부**   현장 경험 위에 사범대 교과교육 교수가 되어

3장   교사교육 열정으로 신이 났던 영남대 초임 시절

1	사범대 학장이 내게 한 말, "이 선생, 돈 걱정 말고 하고 싶은 것 모두 다 해 보이소!"	• 77
2	현장 교사를 위한 A/S (애프터 서비스)	• 79
3	전국 최초의 멘토링을 시작하다	• 81
	3.1 대절 버스까지 동원하여 시작된 멘토링	
	3.2 이승엽 선수를 초청, 그 꿈을 같이 꾸다	
	3.3 영남대 사범대로부터 확산된 멘토링	
4	교수가 토스트를 구워 학생에게, 그리고 학생이 교수에게 선순환으로…	• 86
5	"뭐라카노?"	• 89
6	사범대 학장의 뜻밖의 전화 한 통: "종합 최우수 사범대학!"	• 92

3부 사범대 교수로서 누리는 한국외대의 행복한 캠퍼스

4장 교사교육 길목에서 마주하는 행복

1 ── 왜 그들은 영어 교사가 되려 할까? • 103
2 ── 스승과 함께 여는 대학 첫 아침 • 106
3 ── 친정 아비의 마음 • 110
4 ── '전국 중등영어교사 수업경연대회'의 팡파르 • 114
　　　－열정있는 우수교사를 발굴하여 격려하고 싶은 마음－
5 ── '옛 영어 선생님을 만나라고요?' • 120
6 ── 영어교사는 잠재적 범죄자? • 124
7 ── 초등 짝꿍이 교장인 학교로 교생 순회지도 가다 • 126
8 ── 27년째 시행 중인 '무감독 시험' • 129
9 ── 대학생에게 동아리 활동이 있다면 교수에게는? • 131
10 ── 반지하 단칸방의 현실을 직시한 멘토 대학생 • 135
11 ── 'Teacher Shower' 20년 동안 한결같이 • 138
12 ── 사범대 교수들에게 현장을 알게 하고 싶은 • 140
　　　서울시 교육청의 마음
13 ── 교사로 훈련받는 이들을 격려하는 시간 • 143
14 ── 포도 한 알마다 들어있는 사연 － 사범대 농촌체험 • 146

5장   제자를 통해 흠뻑 빠지는 행복

1	내게 조용히 꽃다발을 건넨 그 손길	• 151
2	며칠 후면 새내기 교사가 될 이들	• 154
3	얼굴도 아직 못 본 신입생에게 보내는 편지	• 156
4	여고에서 가르친 그 제자들이 중년이 되어 만나다	• 159
5	끈질긴 제자의 요청에	• 162
6	제자에게 해 준 그 한마디가	• 165
7	"그때 우리 아프리카에서 만납시다!"	• 168
8	학장이 보낸 편지에 한 학생이 보낸 답장: '인디언들은 말 타고 달리다 이따금 쉽니다'	• 170
9	아앗! 5년간의 전액 장학금과 생활비 수혜 그리고 학교 오티 때 미국 비행기 표 제공까지	• 176
10	신입생들과 함께 산 정상에	• 180
11	홍콩교대 교수가 된 제자	• 182
12	임용고시 최종 합격 발표일에	• 188
13	둘이 잘 살고 있다는 소식에 기쁘다	• 191
14	비원어민 제자의 기적 같은 교수임용	• 193
15	벚꽃이 흐드러진 이 화창한 봄날에 무슨 수업?	• 195
16	긴 명절 연휴에 외국인 유학생들을 초대하여	• 197
17	두 딸과 함께 나타난 제자	• 200
18	17세의 소녀 감성을 마주한 행복	• 202

6장   캠퍼스 일상에서 맛보는 행복

1 ─── 좁은(?) 외대 운동장 • 209
2 ─── 신임 교수님들, 퇴임 교수님들 • 212
3 ─── 연두 빛 신입생 오티에서 • 216
4 ─── 남이섬 가을 MT • 218
5 ─── 산은 내게 말하고 있다 • 221
6 ─── 직원 파업에 교직원 신우회의 간절한 기도로 • 224
7 ─── 이응호 교수님의 성품 • 226
8 ─── 외대 아버지 학교 개설 • 229
9 ─── 'Monolingualism can be cured.' • 233
10 ─── 박술음 전 학장의 추모집을 통해 얻은 뿌듯함 • 236
11 ─── 외국인 교수님 결혼 주례 • 238
12 ─── 김명옥 교수님의 정년퇴임식 서정 • 240
13 ─── 오바마 대통령의 외대 강연 • 242
14 ─── 총장 후보로부터 얻은 영감 • 244
         －아이와 함께 뛴 생애 첫 마라톤 풀코스－
15 ─── 외대 입사 동기, 홍원표 교수 • 248
16 ─── 나의 첫 외국인, Riddicoat 교수님께 감사 • 250
17 ─── 코로나의 춘래불사춘(春來不似春) • 252
18 ─── 임용고시 합격자 부모님께 보내는 편지 • 254

1부

일곱 명의
　　교사가
　　　　한 집안에

1장

'교육'의 제방을
　　　따라가는
　　　　　도도한 흐름

1

교장 선생님, 큰아버지와 아버지

우리 집안엔 일곱 명의 교사가 있다. 중등에 네 명, 그리고 초등에 세 명인데 그중에 교장으로 정년 퇴임한 이로 아버지와 큰아버지, 두 분이 있다.

어렸을 적 방학 때마다 충북 충주 인근 산척면 천등산 자락의 두메 산골, 큰아버지 댁에 부모님과 함께 며칠씩 가 있곤 했는데 내가 초등 저학년 시절부터 큰아버지는 당시 교장으로 이미 오랫동안 봉직하셨던 분이었다. 시골 큰집에 가면 밥을 먹을 때 안방에 두 개의 밥상이 준비 되었다. 큰아버지와 아버지가 함께 하는 어른 밥상이 따로 있었는데 어린 나도 그 어른 밥상에 끼어서 식사하곤 하였다. 두 분은 이런저런 이야기 가운데 '교육', '선생님'에 대한 이야기를 자주 하신 것이 기억난다. 어쩌면 나는 아주 어린 시절부터 밥상머리에서 이 두 어른을 통해 세상을 보는 시야를 갖게 된 것 같기도 하다.

큰집은 천등산 자락 산 밑의 조그만 촌마을에서도 가장 끝인 산 바로 밑에 위치해 있었다. 그곳에서 50분 정도 걸어가면 산척면 소재지가 있다. 큰아버지가 그곳에 있는 산척초등학교 교장으로 계실 때, 큰

아버지를 따라 교장실에 가 본 적이 있다. 더운 한 여름, 방학 중이라 학교는 적막했고 시골 학교 운동장 주변을 따라 플라타너스 나무에 매미 소리가 요란했다. 신발을 벗고 들어가는 복도는 언뜻 보아도 오래된 검은 색깔의 나무 마루에 초를 열심히 칠했는지 반들반들하고 복도에 나무 냄새가 가득했다. 신발을 신은 채 들어가는 서울학교의 시멘트 복도에서는 경험하지 못한 그 냄새가 왠지 나는 싫지 않고 참 푸근하다고 생각했다. 큰아버지를 따라 조심스레 걸어가면서 느껴지는 그 조용한 복도의 정경은 나무 특유의 냄새와 어울려 묘한 엄숙함을 자아내었다.

교장실은 교무실을 지나 중앙현관 저쪽 편에 있었다. 나는 각종 학교 현황이 표와 그래프로 걸려 있는 교장실 한쪽 벽을 넋 놓고 쳐다보기도 했고, 큰아버지의 책상 회전의자에 앉아 빙 돌아보기도 했다. 어린 마음에 큰아버지가 교장 선생님이신 것에 뿌듯함을 느끼곤 했던 것 같다.

집으로 돌아오는 길, 큰아버지보다 훨씬 더 연로한 주름살이 얼굴에 깊게 패인 한 농부 할아버지가 지나가다가 밀짚모자를 벗으며 인사를 한다. 큰아버지에게 공손하게 허리를 숙여 "교장 선생님, 안녕하십니까?" 정중히 안부를 물으며 인사하는 장면은 어린 나이에도 경외감을 불러일으키기까지 했었다.

큰아버지는 교장 선생님이지만 한편 농사일을 열심히 하시는 분이었다. 새벽같이 일어나 소의 아침 여물을 쑤느라 이리저리 다니시며 옅은 휘파람을 불곤 하셨는데, 큰아버지의 그 휘파람 소리는 방학 중 시골에 방문하여 이부자리에 여전히 늦게까지 누워있는 내게 이제 아침이 되어 일어날 때가 되었다는 신호와도 같았다. 큰아버지가 가마솥에 소가 먹을 여물을 가득 담아 땔감 나무로 아궁이 불을 지피시면 큰 가마솥에서 김이 무럭무럭 피어올랐고 집 안 마당엔 여물의 그 향긋한 냄새가 가득했다. 그러면 아침 식사를 기다리는 대문 옆 외양간의 소도 기분이 좋은지 워낭소리가 더 커지곤 했음을 지금도 기억한다.

아버지도 초등학교 교사로 봉직하셨는데 특별히 시를 쓰는 등 아동문학에 천착한 분이다. 전근 가는 학교마다 어린이신문을 만들어 글쓰기 운동을 일으키고, 동요 350여 편을 지어 보급하고, 신문사와 협력하여 교가가 없는 초중고 176개교에 무료로 작사하여 제공하기도 하셨다. 뿐만 아니라 작사를 넘어 작곡에까지 나아갔으니 그 열정 어린 아버지의 창의적 활동을 보며 그 열정과 패기가 대단하다고 느낄 수밖에 없다.

아버지가 내게 하신 말씀 가운데 내가 잊지 못하는 일화는 첫 부임지의 이야기이다. 충주사범학교를 졸업하고 1957년 처음 발령받아 가신 곳이 경남 함안군의 이령초등학교였는데, 두메산골인 그 학교를 처음 찾아가는 길에 버스도 하루 한 차례 정도밖에 없어, 걸어서 걸어서 산을 몇 차례 넘어가니 조그만 학교가 보였다고 했다. 20대 초반의 젊은 교사로서 낯선 경남 시골에서 향수에 빠져 문학 서적을 읽기 시작했다고 하였다. 그리고 학생을 가르치는데 음악 시간이 되었으나 시골 태생으로 음악교육을 제대로 받지 못한 아버지는 어떻게 할지 몰라 하다가 급기야 옆 반의 선생님으로부터 방과 후에 촛불을 켜 놓고 풍금을 치며 악보 보는 방법을 배웠다고 하셨다. 그런데 음악에 재능이 있으셨던지 그것이 계기가 되어 작곡을 하기 시작했고, 급기야는 '가을인가, 가을이래요'라는 제목의 작사, 작곡의 노래를 호기롭게 '새교실'이라는 전국 교육잡지에 보냈는데, 덜컥 표지에 게재되었다. 20대 교사로서 초보의 작사, 작곡 솜씨로 쓴 노래로 인해 당시 유명 교육잡지에 우수교사로 표지에 소개되어 나온 것이 큰 자신감을 얻는 기회가 되었다고 하셨다.

　이후 창작의 열기는 계속 되어 아버지는 1970년대에 '좋아졌네, 좋아졌어'라는 노래를 지으셨는데 당시 이것이 새마을 운동과 함께 파급되어 전국에 불린 적이 있고, '앞마을에 순이, 뒷마을에 용팔이'로 시작하는 '이럴 땐 어쩌나'는 일명 용팔이 송으로 알려져 대학 그룹 송으로 애창되기도 하였다. 또, 1980년대엔 진중가요로 알려진 '멋있는 사나이, 많고 많지만~'으로 시작하는 군가 '멋진 사나이'를 지었는데 이 군가는 지금도 병영에서 애창되는 곡이다. 아울러 시집과 동화집 합해 열세 권을 저술하기도 한 것을 보면 창작 열기가 뜨거웠음을 짐작할 수 있다. 그즈음에 한국일보 제정 '교육자 대상'을 받으신 것은 아마도 동심 어린 순수한 마음을 회복하고자 문학을 통한 살아있는 교육을 주창한 이유일 것이다. 교장으로 정년퇴임 후엔 천등문학상을 제정하여 우수한 후배 문학인을 발굴하여 시상하는 일을 20년 넘게 하기도 하셨다. 아버지의 열정과 창의력 넘치는 교직 생활은 내게도 큰 도전과 자극을 많이 주었는데, 불초자인 나는 아버지의 반의반도 미치지 못하고 있음이 안타까울 뿐이다.

　이외에 충북 음성에서 초등학교 선생님이었던 착한 큰어머니, 그리고 고향 충주에 남아 충주고등학교 역사 선생님으로 많은 제자를 길

러내고 정년퇴임 한 큰 형님, 그리고 제주의 중학교에서 현재 체육과 음악을 가르치는 조카 부부 교사가 있다. 내가 사범대에 진학하여 결국 교육계로 들어선 것이 이런 집안의 분위기와 무관하지 않을 것인데, 우리 가족이 이렇듯 '교육'의 제방을 따라 이 도도한 흐름이 이어져 가고 있음이 감사이고 또 자부심이 느껴지기도 한다.

2

사범대 영어교육과로 진학, 그런데 대기업으로

고등학교 졸업을 앞두고 대학 입학원서를 쓸 때, 아버지는 나에게 사범대에 가라고 권면하셨다. 영어를 좋아했던 나는 영문과에 대한 미련도 있었으나 최종 영어교육과에 원서를 쓴 것은 교사인 아버지의 영향이라고 할 수밖에 없다.

그런데 대학 마지막 학기 어느 즈음에 어머니와 대화를 나누다가 어머니의 마음을 읽은 적이 있었다. 내가 선생님이 되는 것에 대하여 이야기를 하니 어머니가 "한 집안에 교사가 한 명이면 되지, 너까지..." 하며 말끝을 흐리시는 것이 아닌가. 그것이 무엇인지는 정확하게 알 수는 없으나 어머니의 뭔가 심적 고민이 있음을 직감하게 되었다.

이후 어머니께 그것이 무엇인지 질문하지 못한 것은 아마도 초등학교 교사의 전업주부 아내로서 아들, 딸 키우며 생활을 꾸려가느라 늘 빠듯했을 어머니의 속내가 비추어진 것일 거라 짐작되었기 때문이었다. 그러나 사실 어머니는 아버지의 월급으로 규모 있게 가정경제를 잘 운용하셨는데, 어머니의 온순함과 친화력으로 지인들과 계 모임을 통해 목돈을 만드시고 자녀들에게 경제적인 어려움 하나 느끼지 아니하도록 해 주신 참 능력자이셨다. 그렇기에 내가 유학을 무사히 다녀올 수 있던 것도 (물론 내가 박사과정 시절 조교 일을 하면서 등록금과 생활비를 받기도 했고, 결혼 후엔 아내가 유학생 자녀들 대상으로 피아노 교습을 하며 유학 비용에 보탬이 되었지만)) 어머니의 공로가 크다고 믿고 있다.

그럼에도 나는 대학 졸업을 앞두고 어머니의 슬쩍 흘리신 그 주저함 속에 담긴 말 못하시는 고민을 눈치채고는 교사가 되기보다는 다른 길을 가야겠다고 생각하게 되었다. 그리고 대기업 입사 준비를 하기 시작했다.

나는 대기업에 이왕 가려면 당시 대기업 내 가장 인기가 좋았던 종합상사로 가고자 했다. 당시 우리나라는 개인 회사가 무역업무를 할 수 있는 제도가 아니었고, 8개 각 대기업내 계열사인 종합상사를 통해서만 비로소 무역이 가능했던 시절이었다.

80년대 말까지만 해도 일반인의 여권 소지 및 해외 자유여행은 금지되었으나, 종합상사 직원은 정식으로 무역을 하는 이들로서 해외를 오가는 것이 가능했기에, 당시 대기업 종합상사로의 취직은 007가방을 들고 비행기 트랩을 오르는 꿈을 꾸는 일반 대학생들에게는 선망의 대상이었다. 나는 졸업하기도 전에 운 좋게도 첫 시험에 종합상사로 입사할 수 있었다.

3

고액 연봉과 해외연수를 뿌리치고 학교로

청운의 꿈을 안고 들어간 대기업은 그리 녹록하지 아니하였다. 당시 오전 8시 출근하여 오후 9시에 비로소 퇴근, 이어서 회식이 이어지는 빡빡했던 대기업 특유의 분위기가 숨 막혔고, 맡은 업무도 답답하게만 느꼈던 나는 10년 후의 나의 모습이 어떤 모습일까 생각해 보며 고민 끝에 3개월 만에 사직을 하였다. 이후 광고대행사와, 다국적 기업인 외국회사를 거쳐 고등학교 교사로 옮겨가게 되었다.

21세기 산업의 꽃이라고 일컫는 광고를 다루는 광고대행사에서는 AE(기획)로서 일을 하였는데, 창의성이 존중되는 것이 잠깐의 흥미를 줄 수 있을지언정 광고를 통해 진정한 보람을 찾을 수는 없어 1년 정도 일을 하다 퇴직하였다. 또 이후 다니던 외국회사는 160개국에 지점이 있는 거대 기업이었는데 대기업의 두 배 정도 되는 높은 연봉에 9시 출근과 5시 퇴근이 지켜졌고 당시 한국기업엔 없었던 토요일 휴무도 누리게 되었다. 나는 이모저모로 여유가 생기니 당시 20대 중반의 나이로는 드물게 포니2 자동차를 몰고 다닐 수 있기까지 되었다. 아울러 당시로는 일반인의 해외 관광여행이 금지되었던 때였으나 마케팅 부서의 신입직원에게 부여되는 스웨덴 본사로의 한 달간 연수도 이듬해에 예정되어 있었다. 여유가 없던 한국회사와는 다른 어찌보면 화려한 분위기 속에서 살게 되었던 것이다. 그러나 이 모든 것을 뿌리치고 결국 학교로 가게 되었다.

학교로 옮겨가게 된 계기는 1988년 이른 봄, 교회 수련회에서 대학 2년 선배를 우연히 만나게 되면서부터이다. 내가 외국회사에 다니고 있을 때인데 나는 당시 출석하는 교회의 일박이일 청년부 수련회에 참석했다. 그런데 그 자리에서 타 교회를 다니는 그 선배를 우연히 만나게 되었다. 그 선배는 이화여고 영어 교사였고 우리 교회 수련회가 좋다는 소문을 듣고 참석하게 된 것이라 하였다. 우리는 오랜만의 해후를 반갑게 할 수 있었고 연락처를 주고받았다.

그리고 몇 개월 후 그 선배로부터 갑자기 연락이 왔다. 내가 회사를 다니고 있음을 알지만 혹시 한 학기 동안 매일 아침 7시부터 한 시간 동안 고 2학생들에게 '성문기본영어'를 가르칠 수 있냐며 이른바 알바 제의를 하였다. 회사 출근은 9시이었기에, 출근에 문제는 없어 나는 가능하다고 했고, 그해 가을학기 동안 나는 이화여고에서 가르칠 수 있는 기회를 갖게 되었다.

가을 이른 아침 신선한 공기를 가르고 학교로 출근하는 기분은 남달랐다. 학생들 앞에서 가르치는 내내 그 기분은 날아가는 것 같았다. 얌전한 것 같으면서도 호기심 어린 눈빛으로 나와 칠판을 바라보며 공부하는 학생들 앞에서 내가 좋아하는 영어를 가르치는 것이 신이 났고, 회사생활을 통해서는 한 번도 느끼지 못했던 해방감과 만족감이 그 안에 있음이 느껴졌다. 가르치다가 운동장 밖으로 시선을 보내면 교정의 나무 이파리들이 바람에 사르르 움직이는 것이 내게 행복함을 주었다.

　그 학기를 마치는 12월 마지막 날, 학생들과 작별 인사를 하고 교무실에 가 당시 조혁구 교감 선생님께 감사하다는 인사를 드리고 돌아서는데 교감 선생님이 "잠깐!" 하시며 이렇게 이야기를 꺼내셨다. "혹시 전임으로 가르치실 생각 없습니까?" 의외의 발언에 어리둥절하고 있는데 교감 선생님이 "실은 학생들에게 선생님에 대해 어떻게 생각하는지 물어보았습니다. 학생들이 너무 좋아하더군요. 선생님으로 꼭 모셨으면 좋겠다고 이야기하네요" 교감 선생님은 다음 3월부터 영어 교사 한 분이 필요한 실정이라며 꼭 모시면 좋겠다고 했다. 그 자리에서 결정할 수 없었던 나는 생각을 해 보겠다고 하며 시간을 달라고 했다.

　나는 그때부터 고민에 고민을 거듭하였다. 지금 연봉의 반도 안 되게 줄어드는 교사 연봉도 마뜩잖았고, 그러면 당시 운전하던 포니2 자가용도 포기해야 하는가 하는 생각이 엄습했다. 또 이듬해에는 스웨덴에 한 달간 연수 가는 것이 예정되어 있었기에, 일반인은 해외여행을 꿈꾸기가 어려웠던 당시 분위기 가운데 스웨덴 연수가 내게 있어 살아가는 큰 자부심이요 설렘인데, 이를 포기하는 것은 너무 아쉬웠고 이런 상황에서 학교로 옮기는 것이 어떤 의미가 있는가 하고 고민했다.

　생각을 해 보고, 또 해 보는데 내 마음 깊숙한 곳에서 현실적으로는 외국회사가 그럴듯해 보였지만, 신기하게도 내 마음은 점점 학교로 옮기는 것에 기울어지고 있음을 알게 되었다. 당시 싱글로서 부모님 댁에서 살고 있던 나는 '돈? 월급이 반으로 줄어든다고 굶어 죽지 않는다'는 배짱이 생겨났고, '스웨덴 한 달 연수? 매력적이긴 하지만 88올림픽 직후 이제 일반인도 해외여행이 전면 허용되는 시대가 도래함으로 학교로 가면 방학 때마다 마음만 먹으면 해외에 갈 수 있게 되는데…' 하는 생각이 드니 더 이상 그것이 미련이 되지 아니하였다.

이화여고 교감 선생님께 연락드려 나의 결정, 즉 학교로 가겠다고 말씀을 드렸다. 그리고 학교 측으로부터 3월 2일부터 출근하여 2학년을 가르치는 것으로 연락을 받았다. 그런데 문제는 회사 측에 퇴직하겠노라고 알리는 것이 너무 어려웠다. 우선 나를 채용해 준 회사에게 미안함이 커 이야기하는 것이 주저주저 하게 되었다. 아울러 당시 80년대 중후반, 우리나라에 컴퓨터가 아직 본격적으로 도입이 안 되었던 시절이었지만, 회사에서는 미래를 보고 스웨덴 본사에서 컴퓨터 직원이 와서 일과 후 내게 회사 마케팅 분야의 새로운 컴퓨터 운영체계를 개인적으로 가르치고 있었기에 그만둘 것이라는 이야기를 하기가 정말 쉽지 않았다.

그러다가 어느새 2월이 되었다. 마음이 바빠졌다. 고민하다가 더 이상 미룰 수 없어 회사 측에 2월 둘째 주에 비로소 알렸다. 그리고 그 다음 날 아침 인사 담당인 부사장님의 호출이 있었다. 평소 큰 소리를 잘 내시는 다혈질의 부사장님이 퇴사를 너무 늦게 알린 나의 무책임한 태도에 불같이 화를 내실 것이라고 짐작한 나는 고개를 푹 숙이고 부사장실로 들어갔다. 그런데 잊지 못할 일이 일어났다. 부사장님은 불호령 대신 만면에 미소를 띠고 있는 것이 아닌가! 그러면서 내게 "이화여고 가신다고요? 이제부터 선생님으로 부르겠습니다. 하하

~"하며 악수를 청하셨다. 나는 당황했다. 그러면서 내게 "몇 학년을 가르치게 되나요?" 물어보셨다. 내가 "2학년을 가르칩니다" 하니 부사장님이 놀라운 말씀을 하신다. "실은 내 딸 두 명이 이화여고 학생들입니다. 언니가 3학년, 동생이 2학년에 올라갑니다... 잘 부탁합니다." 예상과 달리 아주 부드럽고 화기애애하게 부사장님과의 만남이 종료되었다. 이렇게 이화여고로의 전환이 말끔히 이루어졌다.

4
비로소 제자리를 찾은 마음의 안식

　외국회사를 퇴직하고 보름 후인 3월부터 바로 고2 담임을 맡아 이화여고에서 가르치게 되었다. 나는 학교에서 일하면서 비로소 제자리를 찾은 듯 마음의 안식이 있음을 직감적으로 알게 되었다. 한국의 대기업, 광고회사, 그리고 다국적 외국회사를 거치면서 갖고 있었던 내심 불편과 불안한 마음이 사라지는 것을 보면서, 학교에서 학생들을 만나고 가르치는 것이 내가 할 일임을 비로소 알게 된 것이다.
　초등학교 교사였던 아버지는 내가 학교로 간다고 하니 대환영이셨고, 결국 우리 집안에 나 한 명의 교사가 더해져 다섯 명이 되었다 (후에 조카가 임용고사에 합격, 중학교 교사가 되었고 그가 임용 한 다음 해에 신규로 같은 학교에 온 음악 교사와 결혼하니 우리 집안에 교사는 모두 일곱 명으로 늘어났다).
　대기업에서 시작하여 학교까지 가는데 언뜻 보면 빙 돌아온 것 같지만, 지난 경험들은 내게 회사에 대한 미련을 딱 끊게 만들었고, 오히려 바로 학교가 내가 있을 곳임을 확실히 알게 해 주었다. 또 후에 교사와 회사 사이에 결정하지 못하는 학생들에게 내 나름의 이야기를 이야기해 줄 수 있는 살아있는 경험이기도 했다.

수련회에서 우연히 그 선배를 만난 것이 나중에 두고두고 생각해 보면 얼마나 내 인생의 방향을 바꾸는 운명적인 만남이었는지… 또 스웨덴이냐, 아니면 정동(이화여고 소재지)이냐 그 갈림길에서 당장 눈앞에 있는 것을 보기보다, 멀리 보이는 혜안을 가져 택한 것이 지금 생각해도 얼마나 다행인가 싶다. 물론 외국회사에 계속 있었다면 그 이후에 어떤 삶을 살게 되었을지 가 보지 않은 길에 대한 상상도 해 보았지만, 단연코 삶의 보람이라는 측면에서는 비교되지 않음을 금세 알게 되었기에 상상의 나래를 곧 접곤 하였다.

나는 이후 유학을 가게 되었고 돌아와 내가 한국외대 교수로 지금까지 있게 되면서 그 인생 변곡점의 마디마디에 신기하게도 그때마다 하늘의 섭리와 인도하심이 있었음을 느끼게 된다. 운명과도 같이 찾아온 학교로의 인생 전환을 회고하며 절실히 느끼는 것은 성서에 있는 '사람이 마음으로 자기의 길을 계획할지라도 그의 걸음을 인도하시는 이는 여호와시니라 (잠언 16:9)'는 말씀이다.

우리가 이렇게 저렇게 계획한다 해도 사실 한 치 앞을 예측하지 못하는 우리 인생 아니던가. 내 인생 뒤돌아보면 우리 인생을 주목하시고 세심하게 인도하시는 하나님의 손길을 인정하지 않을 수 없다.

2장

가슴이
　　　터질 것 같았던
이화여고 시절

1

설렘과 경외함이 교차되어

　20대 중후반인 1989년, 초임 교사로서 시작한 이화여고에서의 교직 생활을 한마디로 표현하면 무지개 빛이었다고나 할까… 그곳에서 근무하며 가슴이 터질 것 같은 순간을 많이 경험했다.
　내가 졸업한 고등학교가 신흥 명문사학이었다면 이화여고는 전통 명문사학으로 잘 알려진 곳으로 그전까지 내가 느껴보지 못한 전통의 기운과 그 자부심이 학교 전반에 흐르고 있음을 느끼게 해 주었다. 동시에 자유로움도 역동적으로 움직이고 있어 이화여고를 떠난 지 30년이 넘었지만 한국 중등 사학에 모델이 될 만한 매우 매력적인 학교로 기억된다.
　이화여고는 당시 대학입시에 집중해야 하는 일반계 사립고였다. 그러면서도 전인교육에 대한 관심과 실행을 통해 학생들에 대한 진심 어린 애정을 가지셨던 당시 처녀 할머니 심치선 교장선생님과 또 그런 교장선생님을 존경하며 함께 한 당시 훌륭한 선생님들의 열정이 곳곳에서 드러나 있었다.
　당시 교사와 학생 사이가 매우 친밀한데 놀랐는데, 교정 어느 곳 저

멀리에서 학생들이 교사를 보면 거리낌 없이 '선생님!'하면서 다가온 다든지, 교무실 교사의 책상마다 학생들이 앉을 수 있는 의자를 옆에 마련해 언제라도 상담할 수 있도록 배려해 놓은 것이라든지, 학생들이 주저주저하지 않고 교사와 가까이하는 모습이 새로웠다. 아울러 학생들이 자유로운 분위기 속에서 고교생활을 만끽하고 있음을 보았는데, 어느 토요일 이른 아침 출근하는데 노천극장을 청소하던 아마도 봉사 동아리 소속일 것 같은 학생들이 행주치마를 두르고 서로 손을 잡고는 동그랗게 모여 샤우팅 하던 모습은 흡사 대학 동아리에서나 보던 모습이었다.

싱그런 5월이면 개교기념 축제를 노천극장에서 다양한 이벤트로 진행하였다. 1956년에 조성된 석조 노천극장은 전교생(한 학년 당 20개 반이니 모두 60개 반으로 3,000명이 넘는 숫자)이 앉을 수 있을 정도로 대규모였는데, 파란 잔디를 중간에 두고 한자리에 모여 앉으면 학생들의 마음을 뛰게 만드는 응집력이 있었던 공간으로 기억한다. 이화에서 두 번째 해인가, 개교기념식에서 뉴욕에서 졸업생들이 단체로 왔다면서 사회자가 소개하니 빨간 티셔츠를 맞춰 입은 동창생들 40-50명이 일어나 재학생들에게 두 손을 흔드는데 빨간 티셔츠 물결이 백색 화강암의 노천극장에 선연하게 대비되어 물결쳤다. 덧붙여 재학생 후배들에게 뉴욕 동창회 이름으로 장학금을 기부하니 태평양 건너 먼 곳에서 보내는 얼굴도 모르는 선배들의 지극한 사랑이 노천극장에 앉아있는 재학생들에게도 흐르는 것을 느낄 수 있었다. 또 1945년도에 졸업한 동창 언니들이 입장한다는 사회자의 멘트가 끝나자 옥색 저고리를 단체로 맞추어 입고, 65세 되시는 할머니들 수십

명이 웃음을 지어 보이며 손을 흔들고 열을 지어 노천극장에 입장하는 모습은 탄성이 나오기까지 했다. 그리고 행사 종료 시 선후배 함께 목소리 높여 '아아~ 이화 이화, 아름다운 이름, 함께 노래하자~'하며 교가를 부르면 노천극장 가득 차게 살아있는 전통과 자부심의 발현을 느끼곤 했다.

특별히 이름난 유명 인사도 아닌 평범한 졸업생이건만 자신의 개인 이름으로 장학금을 출연하여 각자 재학생 한 명씩을 돕는 수 많은 졸업생들을 보았다. 그들 안에 이화 졸업생으로서 명예심이 움직이고 있음을 느낄 수 있었고, 기꺼이 자원해서 장학금을 내어 놓는 평범한 졸업생과 수혜받는 재학생 사이에 전승되는 깊은 전통의 힘을 볼 수 있었다.

시청역에서 내려 유서 깊은 덕수궁 돌담길, 은행나무 가로수를 따라 한국 개신교 최초의 서양식 예배당인 붉은 벽돌의 정동제일교회를 지나 계속 돌담길을 따라가면 우리나라 최초의 근대 사학 중 하나로서 유관순 누나가 재학했던 이화학당에 이른다. 이곳에 4년여를 매일 아침 걸어가면서 선진들이 걸었을 그 유서 깊은 정동길을 100년, 200년 후인 지금 내가 걷는다는 생각에 종종 설렘과 함께 경외함을 느끼곤 했다.

이화에서 가르친 것은 내게도 영광이요 놀라운 경험으로서, 한창 자라나는 청소년들과 함께 호흡을 같이 할 수 있었던 것은 지금도 내 인생의 추억의 한 겹을 소중하게 차지하고 있다. 아울러 기독교적 가치를 가지고 설립된 학교의 토양 속에서 나는 유관순 우물터에서 '작은 찬양의 모임'을 처음 시작할 수 있었고, 또 복도 한 겹에서 점심시간을 이용하여 학생들과 함께 큐티(QT) 모임을 할 수 있던 것도 큰 감사의 제목이다. 지금 생각해 보면 부족하지만 '교육이 삶의 준비가 아니라 삶 자체'인 것을 이화에 있으면서 체득해 가는 과정이었던 것 같다.

  이화에서의 교사 경험은 이후 사범대 교수로서 큰 자양분이 되었다. 오래전의 일이지만 또렷한 기억으로 맴돌고 있어 사범대 제자들에게 들려 줄 현장 경험의 조각들이 많아졌다. 이화에서의 교직 생활은 여전히 내 교사 정체성에 중요한 측면을 형성하고 있으며, 나의 중등교사 교육의 원형과도 같은 곳이다.

2

'앗! 월급도 주나요?'

이화여고에서의 교직 생활은 대학 졸업 직후 했던 이전의 회사생활과는 완전히 다른 삶으로서 신선했고 가슴이 뛰었다.

더 이상 서류와 숫자를 붙들고 사는 것이 아니라, 자라나는 학생들의 까만 눈동자를 보면서 강의하는 삶은 그저 행복했다. 강의할 때는 피곤함도 모른 채 매번 신이 났고 내 목소리는 복도를 타고 쩌렁쩌렁 울려, 옆 반에서 가르치는 선생님들이 내게 목소리를 조금 낮추어 달라고 할 정도였다. 또, 복도에서 지나치는 학생들이 배시시 웃으며 수줍게 인사하는 모습은 사랑스러웠고, 부족하고 헛점 투성이의 나를 교사로 인정해 주고 따라주는 착한 학생들이 고마웠다. 아침에 정문을 지나 심슨홀 앞에 깔려있는 붉은 벽돌을 밟고 본관 앞에 우뚝 서 있는 '한국여성 신교육의 발상지' 돌비석을 바라보며 출근할 때마다, 이 붉은 벽돌에 묻어 있는 구한말 시절을 가늠해보았고, 또 그 안에 담겨있는 조선 신여성으로의 성장 이야기들을 상상해 보았다. 그 위에 이제 이곳에서 내가 신세대 여성들을 가르친다 생각하니 마음 깊은 곳에서 사명감도 올라옴을 느끼곤 했다.

교사 임용 첫해, 나는 이 완전히 다른 세계를 만끽하고 있었고, 나는 학교로 와서 비로소 내가 있어야 할 자리에 있다고 느끼게 되었다.

교사 임용 첫해의 첫 달인 1989년 3월 말의 어느 날 아침, 교직원 회의에 조혁구 교감 선생님이 그날이 월급날이라면서 1층 행정실에서 월급을 받아 가라고 공지하였다 (그때만 해도 은행 계좌로 월급이 오는 때가 아니라 봉투에 들어있는 현금을 수령 하던 시기였다). 교감 선생님의 그 말을 듣고 나는 깜짝 놀랐다, '앗! 월급도 주나요?'하고 말이다. 월급 한번 생각하지 않고 3월 한 달 내내 가르치고 있었는데 월급을 받아 가라고 하니 '아, 월급도 주는구나'하고 새삼 생각한 것이었다.

사실 속으로 좀 미안했다고 함이 맞는 표현일 것이다. 신나게 가르치고 있을 뿐 아니라 행복했기에 사실 당시 내 마음은 더이상 바랄 것이 없었기 때문이었다. '월급 안 받고도 잘 가르칠 수 있는데...' 하는 생각마저 들었다. 그래서 미안한 마음에 월급을 받으러 내려가지 못하고 있다가, 2-3일 후에 다시 교직원 회의에서 교감 선생님은 아직 월급을 안 받아 간 선생님이 있다며 얼른 받아가라는 이야기를 하였다. 이에 할 수 없이(?) 월급을 받아 간 적이 있다.

그때를 지금 생각하면 어떻게 그럴 수 있었을까 싶은데, 물론 아직 싱글인데다 부모님과 함께 살고 있었기에 그리 금전적 필요가 크지 않던 상황도 한몫했을 법하지만 어쨌든 교직 생활 첫해, 나는 학교에 가고 학생들 만나 가르치는 하루하루가 신나고 가슴이 뛰고 재미있었던 것 같다.

몇 년 전에 이화여고에 초청 강사 제의를 받아 전교생 앞에서 특강을 하러 간 적이 있는데, 특강 후 교장실에서 김혜정 교장 선생님과 함께 차를 마실 기회가 있었다. 김혜정 선생님과는 교무실에서 같이 근무한 사이이기도 하다. 이화에서의 추억을 이야기하다가 나의 첫 월급 받던 이 이야기를 듣더니 교장 선생님이 직원 연수 때 한번 간증으로 모시고 싶다며 활짝 웃었다.

3

총각 영어 교사에 대한 과분한 시선

이화여고는 반을 그저 1반, 2반, 3반... 숫자로 나열하지 않고 '인', '의', '예', '지', '진', '선', '미', '신', '희', '애', '원', '형', '이', '정', '효', '제', '성', '경', '현', '숙'으로 반 이름을 사용했다. 당시 한 학년에 20개 반으로서 나는 교직 첫해 2학년 '신'반 담임으로 배정받았다. '인'반부터 '제'반까지 16개 반이 문과반이었고 '성'반부터 '숙'반까지 4개 반이 이과반이었다. 이화를 떠난 지 30년이 넘은 이 시점에도 신기하게도 그 순서대로 반 이름을 외우고 있지만, 사실 처음엔 어려웠다. 당시 외울라치면 '인', '의', '예', '지'까지 나오다가 자꾸 '자', '축', '인', '묘', '진', '사', '오', '미'가 엉뚱하게 내 입에서 나오곤 했다.

내가 처음 이화여고에 갔을 때 학생들은 신임교사인 나를 신기하게 바라보는 것 같았다. 당시 인터넷도, 아이돌도 없던 시절, 여고생들이 교사를 바라보는 시선, 그것도 총각 영어 교사에 대한 관심은 상상 이상으로 큰 편이어 나는 내게 어울리지 않는 참으로 과분한 대접을 받았다.

첫 한 달은 교실에 들어가면 나 또한 부끄러워 시선을 어디에 둘지 몰라, 교실 뒤 게시판 만을 보고 가르쳤는데 학생들은 당시 녹색 교복을 입고 있어 그저 푸른 파도가 교실에 넘실댄다고 느낄 뿐 학생 쪽으로 시선을 두지 못하였다. 수업 시작 전후에 일어나 '차렷! 경례!'를 외치는 반장과 교실 뒤의 게시판을 통해서 겨우 반과 반이 구별이 될 뿐이었다.

아침에 학교에 가면 교무실 내 책상 위에 어김없이 있었던 손편지와 초콜릿 등의 작은 선물은 당시 여고생들의 정성과 관심이 묻어 있었다. 점심시간이면 꽃이 흐드러진 이화의 봄 캠퍼스에서 사진을 찍자고 학생들이 교무실로 찾아왔고, 소풍 갔을 때는 나와 사진을 찍고 싶어 학생들이 줄을 서 차례차례 찍을 정도였다.

지금 생각하면 마치 유명 아이돌이 이런 기분이겠구나 하는 생각을 해 본다. 성장 과정의 한때를 지나고 있는 그 순수한 여고생의 마음이 아름다웠음을 느끼고, 내가 부족한 초임 교사로서 그들에게 좋은 영향을 끼쳤으리라 믿고 싶은 마음이다.

4

매일 노래로 시작한 아침 조회

　2학년 '신'반의 담임으로 배정받은 나는 아침 조회 때마다 설렘을 안고 기도하는 마음으로 들어가곤 했다. 나는 담임으로서 학생들에게 조회 시간에 그저 공지 사항 전달하고 공부하라고 잔소리하는 그런 담임교사가 되고 싶지는 아니하였다. 아침마다 좀 더 생동감 있게 학생들을 만나고 싶었고 의미 있는 시간을 가지고 싶었다.
　그리하여 학생들이 잘 따라 할 만한 복음성가 여러 곡을 B4지 양면에 복사하여 나누어 주고, 함께 노래하기 시작했다. 미션스쿨인 학교의 문화로 인해 복음성가는 거부감없이 받아들여졌고, 나는 거기에 더해 노래를 부르고 난 후 번호순으로 돌아가며 학생들에게 매일 대표 기도를 하게 했다. 당시 잘 불렀던 곡으로 '주를 찬양하며 나 이제 고백하는 말~~'로 시작하는 것이었는데 한글과 영어로 자주 불렀다. 학생들은 고맙게도 반주도 없지만 노래를 잘 따라 같이 불러주었고 기도도 돌아가면서 번호순으로 잘 준비해와 기도했다.
　아침 조회 시간에 학생들이 복음성가를 담임선생님과 함께 부르는 그 소리가 복도를 타고 옆 반 학생들에게도 흘러 나가니 점점 학교 내

소문이 나기 시작했고, 다른 반 학생들이 많이 부러워한다는 이야기를 들었다. 또 신기하게도 담임선생님으로서 공부하라 한마디 한 적 없건만 그 첫 일 년 내내 모의고사와 중간고사에서 20개 반 중 계속해서 내리 1등을 하는 의도하지 아니한 일들이 일어났다. 옆 반 선생님들이 웃으며 초임 교사 반이 이렇게 1등을 계속하는 것은 아침마다 노래한 것 때문이 아니냐며, 자신의 반도 우리 반을 따라 노래하겠다고 하였는데, 실제 어떤 반은 아침마다 당시 유행하는 가요를 부르기 시작했다.

　그로부터 20여 년이 지나고 담임 반 학생 몇 명을 만난 적이 있는데, 당시 아침 조회 때 함께 복음성가를 부르고 돌아가면서 기도했던 것이 기억에 남는다고 하였다. 민감한 청소년 시절, 불완전한 자아상, 불확실한 대입과 미래에 대한 불안함이 있던 시절에 담임교사와 함께 매일 아침, 반주 없이 고요히 부르던 그 복음성가와 친구들의 아침 기도가 그들의 심성에 좋은 영향으로 남았기를 기대해 본다.

5
17세 여고생들 앞에 순진했던 나

임용되고 3월 중순 경 부터 담임반 학생들과 개별 면담을 시작하였다. 종례가 끝나고 난 다음, 번호순대로 한 명 한 명씩 교무실에 불러 학생의 환경과 상황을 파악하고자 이런저런 질문을 해 보기도 하고 또 여고생 특유의 재기 넘치는 이야기를 흥미 있게 경청하기도 했다. 그렇기에 한 학생에게 통상 30분 정도씩 시간이 들어가니, 많아야 하루에 두 세명 정도밖에 면담을 못하였다.

그렇게 면담을 한 지 얼마 안 된 때, 한 학생이 면담하다가 갑자기 눈물을 흘리기 시작했다. 순간 당황했다. 그래서 혹시 내가 뭐 말을 잘못했나 싶어 조심스럽게 물었는데 그런 게 아니라고 한다. 나중에 그 학생에게 슬쩍 확인해 보니 담임선생님이 자기 고민을 잘 들어주고 위로해 주어 눈물이 났다는 이야기를 하였다.

이들은 열일곱 살 여고생이었다. 사실 나는 이들을 잘 알지 못하였다. 내겐 여동생이 있었으나 동생보다 열 살 어린 열일곱 살 여고생이 어떤 고민이 있는지 전혀 몰랐고, 단지 나는 이들이 백지 같은 하얀 순수함으로 가득 차 있다고 막연히 생각했다. 그런데 정작 이들과 이야기해보니 이들의 내면에 이런저런 상처와 아픔이 있음을 알았다. 친구와의 갈등, 가족 간의 문제, 학업 문제 등등 다양한 걱정과 고민이 이들 안에 잠재해 있음을 알게 되었다. 짐짓 밝고 깨끗한 미소 가득한 열일곱 살 여고생이지만, 담임선생님과의 면담에서 눈물을 흘릴 만큼의 고민이 있음을 알게 된 것은 내게 큰 깨달음이었다.

그렇게 조금씩 이들이 천사가 아니고 불완전한 청소년 시기의 인간임을 인지해 가면서 그저 이들에 대해 순진했던 나도 성숙해갔고, 또 맨 처음 잘 이해되지 않던 것들을 조금씩 이해하게 되었다. 내가 그동안 환상으로 여학생들을 바라보았구나 하며 나의 순진함과 어리석음을 깨닫는 몇 가지 사건들이 있었다.

그 첫 번째는 학생들이 1교시 마친 후 도시락을 후다닥 먹는 것이었는데 사실 그 모습은 내게 매우 어색했던 광경이었다. 나도 고교 시절 1교시 후 10분의 휴식 시간에 싸 온 도시락을 서둘러 먹고, 남으면 2교시 후 또 먹곤 했지만, 사실 처음 내 생각은 여학생들은 거친 남학생들과는 달리 점심시간에 앞뒤 친구들과 마주 앉아 오손도손 사이좋게 먹을 것이란 참 순진한 생각을 했었다. 그런데 2교시 어느 반 수업을 들어갔는데 도시락 냄새가 확~ 나는 것에 무척 당황했던 기억이 있다. 그렇다. 이 여고생들은 열일곱 살, 한창 자라가는 청소년 시기로 먹고 먹어도 배고픈 나이가 아닌가.

두 번째는 수업을 들어가는데 복도에서 마주친 학생들이 교복 치마를 입었음에도 껑충껑충 뛰어다니는 모습도 예상치 못한 모습이었다. 막연한 내 생각은 여학생은 조신하게 두 손을 앞으로 모으고 복도를 걸어 다닐 줄 알았건만 말 만한 여고생들이 복도를 뛰는데 나는 충격을 받았다. 내가 너무 전통적인 시각에 사로잡혀 수줍은 여고생의 다소곳한 모습이 내 마음 안에 각인되어 있었기 때문에 치마 입고 뛰는 이들의 모습이 생경했던 것이다. 그런데 사실 열일곱 살 이들은 질풍노도 시기의 한가운데 있음이 아니던가. 얼마든지 뛰고 달릴 격정의 나이인 것을 내가 처음엔 생각하지 못하였다.

세 번째는 종례 후 교무실에 내려와 있는데 주번이 내게 와서 이야기하였다. 청소 당번인 학생들이 남지 않고 도망간다는 것이다. 그래서 내가 "에이.. 아마 잊었던 모양이지. 그러니 잊지 않도록 주번이 미리 주지시켰어야지..." 했다. 그러자 주번이 말하기를 교실을 빠져나가는 청소 당번 학생에게 '너 오늘 청소 당번이야'라고 했더니 '응 알아!' 하고 그냥 간다고 하는 것이 아닌가. 청소 당번인데 슬쩍 빠지면 결국 남는 친구의 청소 몫이 더 커지는 것인데 그것을 알고도 이 착하고 사랑이 많은 여고생들이 그냥 간다는 것이 정말 이해되지 아니하였다.

첫 번째와 두 번째는 얼마든지 애교로 넘어갈지라도 청소 당번 임을 알면서 도망가는 것에 대한 실망은 사실 매우 컸다. 담임으로서 내가 그동안 이들에게 했던 모든 말이 부정당한 것 같은 배신감도 느꼈고 아울러 자괴감도 느끼는 순간이기도 했다. 그날 밤, 집에서 고민을 한참 했던 기억이 있다. 다음 날 아침 조회 때 이를 어떻게 대응해 말을 해야 하나 하고 말이다. 그리고 내린 결론은 학생들에게 나의 마음을 진정성 있게 전하고, 그날부터 청소를 담임인 나도 같이 하는 것으로 했다. 그렇게 일주일을 같이 했다. 일주일 동안 당연히 도망가는 학생들이 없었고 이제 잘 되려나 생각했다. 그러나 그 이후에 보니 또 도망가는 학생들이 있음을 알게 되어 허탈했다. 그렇다. 이들은 여전히 열일곱 살, 어른도 책임을 방기하는 일들이 빈번한데 이들의 나이에 청소 안 하고 도망가는 일이 그리 놀라운 일은 아니라는 것을 조금씩 이해하게 되었다.

청소 당번이 청소 안 하고 도망가는 사실을 알고 고민하던 때, 담임 반 학생들에게 내 말이 별로 먹히지 않은 것 같은 실망감에 대해 어느 날 2학년 부장인 나이 지긋하신 역사 담당 김형태 선생님과 이야기를 나눈 바 있다. 김 선생님이 "이 선생, 우리가 이렇게 이야기하면 학생들이 이렇게 변하고, 저렇게 이야기하면 저렇게 변한다고 생각해? 에이... 그렇지 않아. 그렇지 않는게 당연하지... 교육이 그렇게 쉽지 않아. 우리는 기계가 아니라 인간을 다루고 있어"라고 하면서 기다리고 기도하며 끝까지 성실하게 접근해야 한다는 조언을 주었다.

6

오고야 만 첫 촌지 해프닝

 신임교사로서 마음 한 곁에 늘 걱정이 하나 있었는데 그것은 앞으로 학부모가 찾아와 면담할 일이 있을 터인데 혹시 이 분이 내게 촌지를 건네주면 어쩌나 하는 것이었다. 당시 다니고 있던 교회 청년부에서는 교사로 재직 중인 청년들이 따로 모임을 하였는데, 촌지에 대하여 별도로 기도를 한 적이 있을 정도로 이는 참으로 맞닥뜨리고 싶지 않은 일이었다.
 그런데 결국 오고야 말았으니 4월 어느 날이었다. 점심을 동료 교사들과 함께 먹고 학교 앞 카페에서 차를 마시고 들어왔는데 교무실에 들어서니 교무실 사환 학생이 나를 보자마자 학부모가 나를 기다린다고 하는 것이었다. 저 건너편의 내 자리 쪽을 보니 어떤 어머니가 앉아계심을 보고는 내 가슴이 '쿵' 하고 내려앉음을 느꼈다. '아... 이 일을 어쩌나, 혹시 이분이 촌지를 주려고 하면 어떻게 헤쳐 나가야 하나' 하는 걱정이 크게 다가왔다.
 복잡한 생각을 하면서도 그 어머니를 만날 때 웃으면서 씩씩하게 인사하고는 자리에 앉았다. 이번에 학급 임원이 된 학생의 어머니였고 나는 학생 카드를 꺼내 이 아이의 성적을 확인하면서 이제 겨우 한 달 정도 지난 짧은 기간이지만 이 학생에 대한 이런저런 나의 생각을 어머니께 말씀드렸다.

한참을 이야기하니 5교시 수업을 마치는 벨이 울렸는데, 그러자 어머니가 갑자기 무릎 위 핸드백의 지퍼를 열고는 조심스럽게 하얀 봉투를 내게 건넸다. '선물을 못 가지고 왔는데 맛있는 음식이라도 사 드시라'는 멘트를 정중히 곁들이면서 말이다. 당연히 나는 거부하였고 마음만 받겠다고 하였지만, 이 어머니도 나름 완강하셨기에 참 민망하게도 서로 밀고 당기는 모습이 연출되었고 이는 수업이 끝나고 교무실로 들어오는 동료 교사들에게 그대로 노출되어 너무 창피하였다. 내가 그 어색한 마음에 고개를 숙이고 있는 그 틈을 노려 어머니는 내 책상 서랍을 열더니 그 안에 봉투를 넣고는 일어나 서둘러 교무실을 나가셨다. 나 또한 질세라 서랍에서 봉투를 꺼내 들고는 어머니를 얼른 쫓아갔다.

교무실 복도를 지나 램프까지 내달린 어머니를 불러 세우고 봉투를 돌려드리려 했지만, 어머니는 완강하게 거부하셨다. 내가 어머니와 봉투를 들고 이렇게 실랑이하는 것을 복도를 지나가는 학생들이 쳐다보는 것이 느껴져 내 얼굴이 벌겋게 되었는데 어머니는 어느새 봉투를 내게 던지고는 멀리 뛰어가셨다.

'이럴 수가…' 봉투는 결국 내게 있게 되었다. '이 일을 어찌할꼬' 하는 좌절감이 몰려왔다. 우선 그날 종례 시간에 반으로 올라가 학생들 얼굴을 보는데 그 임원 학생의 얼굴이 갑자기 엄청 크게 다가왔다. '저 학생은 자신의 어머니가 오늘 다녀갔고 결국 내가 돈을 받은 사실을 알텐데...' 하는 자괴감이 몰려와 제대로 눈을 들 수 없었다.

어쨌든 내게 있게 된 이 봉투를 어찌 해야 하는가에 대한 문제가 앞에 놓여졌다. 그 안에 무엇이 들었는지도 확인하지 않다가 3일째 되었을 때 확인해 보니 많은 액수의 현금이었는데 이제 이 처리가 고민이 되기 시작했다.

그런데 그렇게 고민 가운데 며칠이 지나니 슬며시 이런 생각이 들기 시작했다. 이 액수라면 당시 내가 몰던 중고차 포니2의 바퀴 네 개를 새것으로 교환할 수 있겠구나 하는 생각이 들었다. 그러다가 그날 저녁 TV를 보다가 우연히 경남 거창고등학교의 이야기가 나오는데 정신이 번쩍 들었다. 지금 자세히는 기억이 나지 않지만 그 학교의 교육이념 실천에 대한 이야기였고 그 이야기를 들으면서 나도 빨리 실천해야 하겠다는 생각을 하게 되었다.

다음 날 바로 그 어머니에게 편지를 썼다. 대체적인 이야기는 다음과 같다. '어머니께서 방문해 주셔서 감사했고 주신 여러 말씀이 따님의 지도에 소중하게 사용될 것입니다. 어머니가 두시고 가신 봉투를 보며 어머니의 그 마음에 매우 감사하고 어머니의 정성도 느낄 수 있었습니다. 그러나 그 봉투를 정중히 사절하니 너무 죄송한 마음입니다. 그 안에 담긴 어머니의 마음만 받겠고 주신 돈은 따님의 이름으로 도장을 만들어 은행에서 계좌를 개설해 입금해 드리겠으며 댁으로 통장과 도장을 우송해 드리겠습니다. 이 돈은 앞으로 따님이 대학에 가는 학자금의 시드머니로 사용하면 좋겠습니다'의 요지가 담긴 내용이었다. 당시 컴퓨터가 없던 시절이니 손으로 정성스럽게 편지를 썼고, 또 아직 금융실명제 전이라서 학생의 이름으로 통장을 개설할 수 있었기에 가능했다.

   그러고는 내심 살짝 불안했다. 이 어머니가 어떤 반응을 보일지 모르기에 그랬다. 며칠 후에 교무실로 전화가 왔다, 받아보니 그 어머니였는데 내가 "여보세요" 하니 "아, 선생님이세요? 주신 것 잘 받았습니다. 아이들 세 명을 키우면서 지금까지 이런 적이 없었는데 선생님의 마음 잘 알겠습니다. 정말 감사합니다" 하는 것이었다. 그러시면서 환하게 웃는 웃음이 수화기로 전해져 나도 이 어머니가 내 마음을 알아봐 주셨구나 생각하니 내심 마음이 놓였다.

   그 이후로 어쨌든 어떻게 하던 촌지는 받으면 안 되는 것이, 그 해당 어머니께 편지를 써야 하고, 밖에 나가 도장을 파야 하며, 또 은행에 가 통장을 개설하여 우체국에 가 붙여야 하니 시간도 시간이고 노력이 많이 들어가는 일이었기 때문이다. 그러나 그런 나의 결심도 어떻게 하지 못하는 방법으로도 촌지가 오는 경우도 있었는데, 언젠가 어떤 학생의 아버님이 소설가였는데 그 어머니가 학교에 찾아와 상담을 마친 후에 학생의 아버지가 쓴 소설이라면서 누런 봉투 안에 책을 남기고 가셨다. 나중에 책을 훑어보는데 그 안에 촌지가 책갈피에 놓여 있어 부랴부랴 편지를 쓰고 학생 이름으로 통장을 만들어 입금하여 우편으로 보내기도 했다.

   교직 기간 4년이 미처 안 되는 짧은 시기이지만 첫 촌지 사건을 깔끔하게 처리한 것이 천만다행이었다. 안 그랬다면 학부모님이 방문할 때마다 기대심리를 가질 것이 뻔했고 그러면 또 마음이 괴로웠을 것이기에 말이다. 당시 교회 청년부에서 교사인 청년들이 모여 촌지 문제를 두고 미리 함께 기도했던 그 만남이 큰 힘이 되었다.

7

유관순 우물터에서 시작한 작은 찬양의 모임

이화여고는 미션스쿨로 매주 월요일 아침에 있는 교직원 회의는 교목의 집례로 예배가 있었다. 학생들은 매주 한 번 채플이 있어 유관순 기념관에 전교생이 모두 모여 예배를 드렸다. 나는 교사 성가대원의 일원으로 활동했는데, 이따금 교직원 예배나 학생 채플에서 동료 교사들과 함께 찬양하는 시간이 있었다. 같은 영어 교사인 최순환 선생님, 장덕희 선생님, 박영혜 선생님 등은 물론 권영호 선생님 (생물), 한미순 선생님 (양호), 곽근혁 선생님 (국어) 등등 서로 다른 교과목을 가르치는 선생님들이 이렇게 함께 교사 성가대에서 활동하니 새로웠고 감사했고 기뻤다. 몇 년 전 언젠가 이화여고 방문 시, 심슨홀의 박물관에 가 본 적이 있다. 학교의 역사를 보여주는 비디오가 돌아가고 있었는데 30년 전 그때의 교사 성가대 모습이 나오는데 살짝 내 모습도 나오니, 같이 방문했던 분들과 함께 놀랐던 기억이 있다.

교직 두 번째 해인가에 이화 교정 내에 있는 유관순 우물터에서 매주 수요일 점심시간 마다 '작은 찬양의 모임'을 인도하기 시작했다. 점심을 일찍 먹고 나와, 함께 준비하는 학생들이 키보드와 기타를 치며 찬양을 10분 정도 하였는데 그러면 학생들이 삼삼오오 우물터 옆 은행나무 주변에 자리를 잡아 어느덧 나무 주위 계단에 가득해졌다. 그러면 부족한 가운데 내가 5분 메시지를 전하였는데, 그 메시지가 얼마나 부족했을까 싶건만 착한 이화의 학생들은 영어 교사가 전하는 성경 말씀에 귀를 기울여 주었다. 본관 (화암 신봉조관)의 각 층 교실마다 학생들이 창가로 몰려와 이를 지켜보곤 했으니 얼마나 아름다운 광경인지 지금 생각해도 가슴이 뛰는 것을 느낀다.

2-3년 전에 현직에 있는 이화여고의 영어 교사인 이선영 선생님이 사진 몇 장을 내게 보내 주었다. 유관순 우물터 옆 계단에 학생들이 빼곡히 모여 찬양하고 있는 장면이었다. 그 선생님은 설명을 곁들이길 수요일에 했었던 그 찬양모임이 이제 목요일 점심으로 옮겨서 30여 년이 지난 지금에도 여전히 유관순 우물터에서 진행하고 있다고 한다. 사진에 보니 여러 선생님이 함께 악기를 연주하면 반주하고 있는 모습을 볼 수 있었다.

당시 조그만 모임으로서 비공식적으로 시작했건만 지금까지 이어져 오고 있음이 놀라웠다. 젊은 신임교사의 이런 모습을 학교에서 비공식이라고 제지하지 않고, 믿음으로 지켜봐 주신 교장 선생님의 마음도 느껴지고 또 함께 따라 준 학생들의 그 마음도 느껴진다. 무엇보다 점심시간의 짧은 여유시간에 교정 큰 은행나무 아래 모여 여고생들이 마음을 모아 찬양하는 모습에 하나님이 기뻐하셨을 것이니 이것이 감사이다.

8

체중미달이라 안타까워 울던 학생들

젊은이들과 더불어 시간을 갖는다는 것은 참으로 축복이다. 먼저 그들이 가지고 있는 순수함, 그것을 느끼고 함께 함은 큰 기쁨이다. 순수함이 때로는 어색하게도 보이지만, 그 어색함은 그들의 열정과 진지함으로 곧 묻혀버리고 만다. 그 순수는 온전한 추진력을 공급하여, 마치 불순물이 끼지 않은 순도 100%의 좋은 기름처럼 강한 힘을 촉발한다. 이런 젊은이들의 모습을 통하여 나는 내가 그들을 가르치는 기쁨은 물론 내가 그들로부터 배우는 기쁨도 상당히 스며있음을 종종 발견하게 된다.

교사 첫해 어느 날, 학교에 헌혈차가 왔다. 직원 아침조회 때 그날 헌혈차가 온다는 사실을 공지 받았기에 나는 수업 중 이제 우리 반 차례라는 전달을 받고 헌혈 희망자는 조용히 내려갔다가 오라고 이야기해 주었다. 그리고는 계속 수업을 하려는 심산이었다.

그런데 깜짝 놀랐다. 53명의 학생 중 30명이 넘는 학생들이 헌혈하러 우르르 내려가는 것이 아닌가... 기껏해야 서너명 정도일 것으로 예상했던 나는 큰 충격을 받았다. 마치 망치로 얻어맞은 느낌이었고 반 이상이 빠진 그 반에서 수업을 계속 진행할 수 없었다.

그런데 또 내려갔던 학생 중 몇몇이 교실로 일찍 돌아오면서 우는 것이다. 눈에 눈물이 그렁그렁하다. 의아하여 이유를 물었더니 체중 미달로, 혹은 가벼운 감기 증세 등등으로 헌혈적격판정을 받지 못해 속상하다는 것이다. 나는 이에 또 한 번 감동을 받았다.

17세 여고생들로부터 느낀 순수함과 그로 인한 감동, 그리고 한편 나를 바라보니 부끄러움도 동반되어서 이전에 한번도 헌혈을 생각하지도 않던 나는 그날 생애 처음으로 헌혈에 동참하게 되었다. 그리고 그 이후 헌혈은 내게 여건이 되는 한 매년 (갑상선 암 수술을 받기 전까지) 시행하던 연례행사가 되었다.

9

'영선아. 미안해...'

첫 해 담임 반 학생 중 한 명의 아버님이 돌아가셨다는 비보가 들려왔다. 교무실로 전화가 왔고 나는 그 학생에게 나지막이 조심스럽게 알려주었다. 늘 조용한 학생이었던 그 학생은 오랜 병환 중에 돌아가신 터라 그런지 내가 전해준 그 말에 그리 큰 동요 없이 침착하게 책가방을 싸기 시작했다. 나는 그 학생에게 힘내라고 말하며 퇴근할 때 장례식장에 들리겠노라고 이야기 했다.

그런데 막상 퇴근 후에 가려고 하니 장례식에서 조문을 그때만 하더라도 제대로 경험을 해 보지 못한 초임 교사인 내가 혼자 학부형의 문상을 가는 것이 부담스러워 고민하다가 결국 가지 못했다. 마음 한 구석에 찜찜함이 있었는데 바쁜 생활 가운데 2-3일이 휙 지나갔다.

3일장을 마치고 그 학생이 돌아왔다. 그 학생은 얼굴에 그리 큰 변화 없이 침착한 모습으로 수업에 임했다. 나는 당연히 그를 교무실로 불러서 문상을 못 간 것에 대하여 미안하다고 그리고 이제부터 돌아가신 아버님을 생각해서라도 힘을 내어 더욱 열심히 공부하라고 다독여야 했는데 그렇게 못했다. 왜 그렇게 하지 못했을까? 어린 나이에 아버지를 여읜 그 학생의 입장을 생각했었다면 등을 두드리며 힘내라고 격려해야 했을 텐데 말이다. 지금 생각하면 얼마나 못난 교사이었는지 부끄럽기 짝이 없다.

  그로부터 35년이 지난, 올 봄학기 멘토링 수업시간에, 학생과 교사와의 교감의 중요성을 주제로 강의하면서 불현듯 그때 그 학생이 생각이 났다. 35년이 지난 이 시간에도 그 학생의 이름도 또렷이 기억이 나는데, 그 학생의 입장을 공감해 주지 못한 내 무정함이 자책이 되었다. 또, 담임선생님이 문상을 온다고 했기에 어머니께도 그 이야기하며 나를 기다렸을 그 학생의 마음을 생각하니, 비록 긴 세월이 지났으나 그때의 나의 한심함과 무책임에 갑자기 수업 중 눈물이 와락 터져 버렸다.

  '영선아, 미안해…'

10

교장 선생님에게 포옥 안기며 한 결심

   90년이 되면서 많은 대학에서 고교생을 대상으로 한 영어 말하기대회가 생겨났다. 그러한 대회를 알리는 공문이 학교에 오면 교감 선생님은 외대 그리고 카투사 출신, 부임한 지 얼마 안 된 젊은 남자 영어 교사인 내가 적격이라 여겼는지 그 공문을 내게 주었다. 이제 적절한 학생을 발굴하여 훈련 시켜서 대회에 보내는 일이 내게 맡겨졌다.

   천안에 있는 모 대학에서 전국 고등학생 영어 말하기대회가 토요일에 있었다. 나는 내가 가르치는 문과반 고2 학생들 가운데 3명을 뽑아 훈련을 시켰다. 대부분 자유주제였기에 나는 학생들에게 먼저 자신이 원하는 주제로 글을 써 오라고 했고 그것에 피드백을 주면서 말하기대회에 맞는 내용으로 수정해 보라고 했고, 어느 정도 되었다 싶으면 문체를 말하기대회에 맞게 최종 수정해 주었다. 그리고 그것을 외우게 하고 말하기 연습을 시켰는데, 강조할 부분과 제스처 삽입 등 중학교 시절 웅변대회에 입상했던 경험을 되살려 영어말하기에 맞게 이런저런 훈련을 시켰다. 본관 2층 교무실 맞은편에 회의실이 있었는데 학생들을 개인적으로 불러 한 문장 한 문장씩 코치를 해 주었다.

대회 당일 학생 세 명과 기차를 타고 천안에 가서 영어말하기 대회에 참여했는데, 1등 한 명, 2등 두 명, 3등 세 명 등 모두 여섯 명에게 상을 주는 그 대회에서, 참여한 이화여고 학생 세 명 모두가, 즉 한 명이 1등, 또 한 명이 2등, 다른 한 명이 3등으로 선정되는 우수한 성적을 거두게 되었다. 나도 예상치 못한 성적이었고 그 기쁨에 학생들과 함께 천안의 그 대학 인근 중국집에서 탕수육을 함께 먹기도 했다.

대회가 있던 그날은 토요일이었고, 월요일에 출근하였는데 굳이 학교 측에 수상 실적을 알리지는 않고 있었다. 그런데 그날 낮에 2층 교무실 복도를 걸어가는데 노천극장 쪽에서 본관으로 들어오시던 심치선 교장 선생님이 나를 멀리서 보더니 "이 선생, 이리 와 보세요"하고 부르는 것이 아닌가! 급히 달려갔더니 교장 선생님이 나를 보더니 "소식 들었어요. 아주 잘했어요. 수고 많았습니다" 하셨다. 아마도 그 대학에서 학교에 수상 결과를 공지한 것 같았다.

교장 선생님은 연이어 "지난주에 회의실 옆 복도를 걸어가다가 영어 말하기 훈련하는 소리를 들었는데 들어가 볼까 하다가 방해되는 것 같아 그냥 지나갔어요"라고 말씀을 하셨다. 그러면서 나를 안아 주셨는데 노처녀 할머니인 교장 선생님의 살짝 나온 배가 느껴지면서도 포옥 안겼는데 기분이 참 좋았다.

교장 선생님이 내가 시간을 내어 학생들 훈련을 시킨 것을 알아주시니 감사한 마음이 들었다. 또 이렇게 칭찬을 받으니 순간 이런 생각도 들었다. '다음 대회 때는 더욱 잘해야지...' 칭찬이 고래도 춤을 추게 한다고 하는데 다 컸다고 생각한 내게도 이런 마음이 든 것에 나도 놀란 경험이었다. 칭찬은 나이에 상관없이 사람을 세우는 보약과도 같은 것인가 보다.

11

담임 반 여고생들과 신년 초, 눈 덮인 북한산 정상에

    2학년 학생을 담임하면서, 이제 2학기가 끝나고 12월 말 겨울방학에 들어서는 이 학생들이 새해엔 3학년이 되어 대학입학 학력고사를 보게 될 것임을 생각하니 뭔가 이들에게 의미있게 새해를 맞이할 수 있도록 도전과 용기를 불어넣어 주고 싶었다. 12월 겨울방학에 들어가는 날 아침조회 때 학생들에게 이제 곧 고3이 되는 새해를 맞이할 텐데 신년 초에 북한산 정상에 올라가자고 이야기했다. 산 정상에서 기개를 높이며 새해를 시작하고자 하니, 갈지 안 갈지 선택은 자유로 하며, 아무래도 새해 첫날은 집에서 가족과 보내야 할 테니 신년 두 번째 날인 1월 2일 아침 우이동 버스 종점에서 만나자고 학생들에게 공지를 하였다.

    지금 생각하면 당시 내가 등산 전문가도 아니었고, 또 당시 이 등반을 위해 날씨를 체크한 것도 아닌 상태에서 담임 반 여고생들을 인솔하여 겨울 산에 무작정 오르는 것이 얼마나 무지했는지, 무엇보다 학교에 알리지도 않고 그저 일을 추진했으니 지금 생각하면 얼마나 무모한 일이었는지 가슴이 철렁하기만 하다.

단지 그때는 고3이 되는 이 학생들에게 뭔가 느끼고 동기부여를 해주고 싶다는 열망으로 가득 차 있을 뿐이었던 것 같다. 당일 몇 명이 나올지 알 수 없었으나 나 혼자 학생들을 인솔하기는 버거웠을 것으로 생각하여 교회 청년부에 이를 알리고 함께 도와달라고 하니, 청년들 형제 4명 정도 (손영길, 이상배, 배수현, 박선호 등)가 도우미로 함께 하겠다고 손을 들어 주었는데 이들의 도움이 무척 감사했다.

1월 2일 아침에 우이동에 가니 약 10명 정도의 학생들이 나왔는데 대부분 평범한 운동화에 청바지에 패딩 하나 걸치고 있었다. 지금 생각하면 정말 부적절한 옷차림이었으니 왜냐하면 눈 덮인 북한산에 오르려면 등산화에 아이젠은 물론 적절한 방한복이 기본적으로 필요한 것일 텐데 그때는 그런 겨울 등반 상식을 알고 있지도 못했다. 그럼에도 이들 여고생들과 청년 도우미들은 함께 우이동을 출발하여 북한산 백운대로 올라가기 시작했다.

우이동 종점에서 도선사까지는 포장된 찻길을 따라 오르다가 본격적으로 등산로에 접어들었는데, 모두 운동화 차림이니 눈길에 미끄러지기 일쑤였다. 그럼에도 학생들은 여고생 특유의 깔깔거리는 웃음으로 반응하며 중간중간 청년 도우미의 도움을 받아 결국 백운대 정상까지 무사히 오를 수 있었다.

백운대 정상에 올라서 우리는 동그랗게 원을 그리고 서서 새해 다짐을 하는 시간을 가졌다. 새해 고3이 되어 학력고사를 보는 학생들이 도전 의식을 고취하고 용기를 갖도록 노래도 함께 불렀다. 조회 시간에 늘 부르던 '주를 찬양하며 나 이제 고백하는 말~~'로 시작하는 복음성가도 신년 초 북한산 정상에서 울려 퍼지니 마음에 비장함도 올라옴을 느꼈다.

　정상에서 내려올 때도 많이 미끄럽고 춥기도 하였으나 학생들은 오히려 얼굴에 송골송골 맺힌 땀방울을 닦으면서, 또 죽죽 미끄러지면서도 여전히 웃음을 잃지 않고 서로 의지하며 용케 잘 내려왔다. 지금 생각하면 정말 기적과도 같다. 교장 선생님께 알리지도 않고 그저 열정 어린 초임 교사의 무모함으로 감행한 것이었는데 전적으로 담임교사를 믿고 잘 따라 준 순수한 여고생들과 학부모님들을 하나님이 보시고 도와주신 것이 아니었나 생각한다.

　이 북한산 등반은 새롭게 고3으로 올라가는 담임 반 학생들에게 매년마다 신년 초에 실시하였는데 이 겨울산 등반을 졸업 후 한 참 지난 시점에도 기억하는 이가 많았다. 이제 어느덧 50 중반에 들어서는 졸업생들을 가끔 만날 때가 있는데 고3이 되는 신년 초, 눈길에 넘어지고 또 일어나고 수없이 반복하며 정상에 올라 함께 노래하고 기도했던 그 등반에서 영감이 있었다고 고백함을 들은 적이 있다. 지금 변호사로 일하고 있는 최수령 졸업생은 그 이후부터 산을 즐겨 찾게 되었다고 하면서 언제 한번 그때를 생각하면서 함께 여럿이 북한산에 또 오르자고 한다.

　고교 교사로서의 이 경험은 대학교수가 되어서 코로나 때 다시 이어져갔다. 코로나 시절 신입생들과의 만남을 온라인 줌으로 밖에 할 수 없었던 2022년이었다. 계속되는 통제 일변도의 방역으로 인해 특히 모든 실내활동이 중단되었던 때, 줌(ZOOM)에서 조그만 네모 안에 갇혀 위축되어 무기력하게만 보이던 신입생들을 보니 이건 아니다 싶고 뭔가 자극을 주고 싶었다. 등산을 하자고 그들에게 제안했다.

5월 중간고사 마치고 자원한 6명과 함께 불암산 정상에 올라갔다. 그 이후로 신입생과 함께 하는 이 등반을 매년 봄에 하고 있는데 내겐 신입생들과 좋은 사귐의 기회요, 신입생들에겐 60이 넘은 노교수와의 긴밀한 만남의 장이 되는 것 같아 특별한 활동이라 아니할 수 없다.

12

공강 시간이면 학교 인근 교회로 달려가 묻고 또 묻다 '유학!'

이화여고 시절, 교사로서의 행복함은 이루 말할 수 없었으나, 한 가지 마음 한 곁에 찜찜한 것이 있었는데 그것은 수업에 내가 점점 매너리즘에 빠지고 있다는 생각이 들기 시작하면서였다. 교과서와 교사용 지도서를 가지고 그저 읽고 해석하며 문법 설명하는 모습이 어쩌면 당시 80년대 말, 90년대 초엔 당연한 수업방식임에도 이것이 최선일까 하는 생각이 들었고, 진학하여 더 공부해 보면 어떨까 하는 생각을 갖게 했다. 특별히 대학원 유학을 갔던 이화의 선배 교사들 이야기를 들으면서 어느덧 이것이 내 마음에 화두가 되어 요동치기 시작했다.

그러나 그런 생각은 바쁜 생활 가운데 고민만 하다가 시간만 가곤 했는데, 어느 날부터인가 더 이상 미루지 말고 직면하자는 생각을 하게 되었다. 그리하여 수업이 없는 공강 시간이면 학교 바로 옆에 정동제일교회가 있었는데 그곳에 가서 기도하기 시작했다. 아무도 없는 어두컴컴한 큰 예배당은 무섭기도 했으나 절실한 마음에 앞쪽에 앉아 소리를 내며 기도했다. 유학을 가는 것이 정말 맞는 것인지 아닌지,

하나님의 뜻을 알기 원했으며 나는 간절한 마음으로 기도했다. 하나님이 유학을 '가라!', 혹은 '가지 마라!' 하고 어느 쪽이든 음성을 들려주시면 좋겠는데, 그리고 그렇게 음성을 들으면 따를 준비가 되어 있는데, 한 학기 내내 기도해도 음성이 들리지 않았다.

그러다가 어느 날 기도하다가 불현듯 이런 생각이 떠올랐다. 당시 미국의 중상위권 주립대학에 좋은 성적으로 가려면 토플 600점 (당시 PBT) 이상을 받아야 한다고 들은 바가 있었기에, 당시 토플시험을 전혀 응시해 본 적이 없던 나는 일단 처음 도래하는 일자에 토플시험을 신청해서 응시해 보고 그 점수가 600 이상이 되면 하나님이 가도 좋다는 뜻으로 받아들이고 599 이하가 나오면 깨끗이 포기하는 것으로 하는 것이었다.

전혀 준비도 없이 가장 빠른 토플 일자에 응시한 나는 2-3주 후 어느 날, 퇴근 후 시내에 약속이 있어 집에 늦게 들어왔는데 내 방에 가 보니 책상 위에 ETS (미 토플 공식주관사)에서 온 편지가 놓여 있었다. 직감적으로 성적이 도착했음을 알고 심장이 뛰기 시작했다. 정말 조심스럽게 천천히 봉투를 뜯으며 떨리는 마음으로 성적을 확인했다. 나는 성적을 확인해 보고는 깜짝 놀랐다. 성적은 정확히 육, 공, 공 (600), 이렇게 찍혀 있었다, 나는 순간 너무 놀라 소름이 돋았다. 하나님의 개입이 느껴지는 성적이었기 때문이었다. 나는 바로 그 자리에서 무릎을 꿇었다. 그리고 기도했다. 이 점수를 주신 하나님의 뜻이 금방 인지되었기 때문이다. 하나님은 내가 유학 가는 것을 허락은 하시되, 교만하지 말라고 하는 분명한 사인으로 금방 알 수 있었다. 599 이하가 나와서 포기하지 않기를 원하는 하나님은 또 600보다 훨씬 높은 점수를 받아 내가 자고하지 않기를 원하는 섬세한 하나님임을 나는 알 수 있었다. 나는 그리하겠다고, 또 하나님이 개입하시고 인도하심에 감사하다는 기도를 드렸다.

일단 그 점수를 확인하고 하나님이 함께 하신다는 확신이 든 나는 유학 준비를 본격적으로 준비했는데, 그 후 모든 일이 일사천리로 신나게 진행이 됨을 느낄 수 있었다. 인터넷이 없던 시절이니 일단 용산에 있는 미군 USO에 가서 미국 대학 정보를 얻을 수 있었고 또 미국 문화원과 대형서점에 가서 정보를 얻었다.

당시엔 관심이 있는 대학으로 편지를 써서 대학원 정보를 요청하면 송달 기간이 미국으로 가는데 열흘, 한국으로 답이 오는데 열흘이 걸려 3-4주 후에나 정보를 얻었다. 또 질문이 있어 편지를 우송하면 그만한 시일이 또 소요되던 시절이었다. 그러함에도 준비는 감사하게도 부드럽게 잘 진행이 되었다.

나는 관심 있는 열 개 학교 정도로 지원하였고 그중에 여섯 개 학교에서 입학허가서를 받았다. 아이비리그인 University of Pennsylvania (펜실베이니아 대학교)를 포함해 사립대학에서도 합격 통보가 와 관심이 갔으나 등록금이 너무 비싸 포기할 수 밖에 없었고, 등록금이 저렴한 나머지 네 개 주립대학을 놓고 저울질하였다. 끝까지 손에 들고 있었던 두 학교는 SUNY at Buffalo (뉴욕주립대)와 University of Arizona (아리조나 대학교)였다. 이런저런 정보를 통해 저렴한 등록금과 함께 앞으로의 가능성이 좋다는 이야기를 들은 후 내린 결정이었다. 그러나 이 둘 중에 어느 학교로 최종 선택을 할지 충분한 정보가 없으니 어려웠다.

그러다가 신문에 조그만 기사로 당시 서울대 영어교육과에 권오량 교수가 University of Texas at Austin (텍사스 대학교) 학위를 받고 신진 교수로서 최근 임용이 되었다는 것을 본 것이 기억나 무작정 서울대 대표전화로 다이얼을 돌렸다. 그리고 영어교육과 권오량 교수 연구실을 부탁하니 교환수가 연결시켜 주었다. 그리고 어느 젊은 목소리가 들렸다. 권오량 교수였다. 일면식도 없는 사이였지만 나는 현직 교사로 유학을 준비 중이며 학교 선택에 있어 자문을 얻고자 한다고 말씀드리니 흔쾌히 그 두 학교가 어디 어디냐고 알려달라고 했다. 두 학교 이름을 알려주니 권 교수는 미국 유학을 하려면 가급적 동부로 가는 것이 좋겠다는 조언을 주며 뉴욕주립대가 좋겠다고 하였다. 그 자문이 지침이 되어 나는 뉴욕으로 가게 되었다.

그때는 알지 못했다. 그저 권 교수의 가이드를 받아 결정한 것인데, 나중에 그곳에 도착하고 난 다음에 나는 그곳으로 가게 된 것이 하나님이 계획하신 일이라는 것을 서서히 확인하게 되었다. 유학 생활을 하면 할수록, 또 그곳에서 참 좋은 사람들을 만나게 되면서 하나님이 인도하셨음을 실감하였던 것이다.

13

온화한 카리스마, 심치선 할머니 교장 선생님

　이화여고에 새내기 교사가 되어 심치선 교장 선생님을 처음 만난 것은 1989년 3월이었다. 봄날의 예쁜 이화 교정만큼이나 화사한 미소와 또 긍정적 에너지를 보여주셨던 선생님이었고 교무실에 많은 선생님은 물론 학생들로부터 존경을 받는 분이었다.
　매주 월요일 아침이면 교직원예배 후 듣던 교장 선생님의 말씨는 온화함 속에 확신이 느껴져 좋았다. 마음씨 좋으면서도 세련된 할머니 모습이 느껴졌고 마음이 평안해졌다. 또 학생들은 물론 후배 교사들을 향한 교장 선생님의 따스한 관심과 사랑의 마음을 나는 느낄 수 있었다. 때때로 들리는 북한 평안도 말씨는 강하게 느껴질 때도 있었으나 그것이 오히려 온화한 선생님의 모습 속에 잘 균형을 맞추어 선한 카리스마를 뿜고 있다고 생각이 들었다.
　심치선 교장 선생님을 생각하면 무엇보다 사심 없이 깨끗한 삶을 사신 분으로 기억된다. 학생들에게 또 후배 교사들에게 애정을 보여주셨고 귀감이 되어 주었다. 내가 사범대 교수로서 학생들에게 현장교육을 이야기할 때 그 모체가 되는 곳이 이화여고이고, 그중 가장 기억이 되는 분 가운데 한 분이 바로 심치선 교장 선생님이다. 어느 날, 외부 영어말하기대회에서 좋은 성과를 거두었음에 수고했다며 복도에서 나를 꼭 안아 주셨던 할머니 교장 선생님, 영어 교사를 더 채용해야 하는데 "이길영 선생님 같은 한 분을 추천해 달라"고 부임한 지 일년도 안 된 내게 부탁하셨고, 실제 내가 추천한 이들을 채용하시며 신뢰해 주셨던 교장 선생님, 또, 내가 후에 유학을 떠난다는 말씀을 드렸을 때 학교에서 더 공부할 수 있도록 여건을 마련해 주었어야 했는데 이렇게 혼자 힘으로 떠난다니 미안하다면서 격려금을 선뜻 내주셨던 교장 선생님이었고, 유학 중 방학 기간에 한국에서 결혼한다 말씀드리니 최종옥 교감 선생님과 함께 결혼식장까지 와 축하해 주신 교장 선생님이었다.

연세대 교육학과 교수로 재직 중이시다가 중등교육의 현장인 모교 이화여고 교장으로 오신 심치선 교장 선생님은 학교를 매력적인 환경으로 만들어 놓았다, 함께 일하는 교사의 교권을 지켜주었고, '인성교육의 대모'라는 별칭만큼이나 학생들을 진심으로 사랑하는 마음을 보여주었다. 이런 분을 내가 교장 선생님으로 모실 수 있음은 영광이었고 그런 중등 현장에서 근무했었음이 참 다행이고 자랑이었다.

7년 전, 소천하셨다는 소식을 듣고 천국환송예배에 갔을 때, 선생님의 전 재산을 모교인 연세대와 이화여고에 기증하고, 시신은 연세대 의대에 기증하였음을 알게 되었다. 삶으로 실천하는 기독교인의 모습을 마지막까지 후배들에게 보여주어 그 뒷모습이 울림으로 다가왔다. 생전에 '감사하다'는 말씀을 드리고 싶었건만 기회를 얻지 못한 것에 자책하게 된다. 늘 환한 웃음으로 대해 주셨고, 당당함으로 사셨으며, 평생 깨끗하게 사시다가 천국으로 가셨다.
 교장 선생님, 감사와 존경을 담아 고백합니다... 사랑합니다!
 훗날 천국에서 뵐 날을 기대합니다.

2부

현장 경험 위에
사범대 교과교육
교수가 되어

3장

교사교육 열정으로
신이 났던
영남대 초임 시절

1

사범대 학장이 내게 한 말,
"이 선생, 돈 걱정 말고 하고 싶은 것 모두 다 해 보이소!"

미국에서 박사학위를 받고 귀국하여 신임 교수로 첫 출발은 전혀 연고가 없는 대구지역의 대학에서였다. 1998년은 전국이 IMF 금융위기로 소용돌이치기 시작하던 때로, 나라 경제 사정은 무척 안 좋았고 회사마다 감원 바람이 불던 때였다. 각 대학도 예정했던 채용계획을 거두어들이고 숨을 죽이고 있었던 시절이다.

그럼에도 그해 1월에 학위를 받고 바로 한국에 들어 온 나를 영남대 사범대 영어교육과에서 채용하여 바로 3월부터 가르치도록 했다. 나중에 안 일이지만 대학 본부는 IMF여파로 각 학과에서 이미 선정한 신임 교수를 임용하는 것이 어렵다고 했다고 한다. 그런데 영어교육과는 지난 2년 동안 계속 교수를 뽑지 못했었기에 소속 교수들이 이번 세 번째는 반드시 임용하고자 하는 것을 적극적으로 본부에 소청을 하여 임용하게 되었다고 하니 참 감사요 내겐 영광이 아닐 수 없다.

3월 개강 첫날, 사범대 학장에게 신임 인사를 하러 학장실로 내려가 보니, 수학교육 전공 김용찬 사범대 학장은 아직 어색하기만 한 나를 아주 반갑게 맞이해 주었다. 김 학장에 따르면 내가 제대로 공부하고 온 대구지역 첫 영어교육 전공자라면서 드디어 왔다고 하며 기대가 많다고 하였다. 그리고는 사범대 부속 연구소인 학교교육연구소장을 맡으라고 하였다.

그때만 해도 영어학이나 영문학 등 인접 학문을 전공하고서도 영어교육을 가르칠 수 있다는 생각을 했던 시대였고, 실제 당시 대구지역의 대학 영어교육과 중에서 '영어교육'을 전공한 교수가 아직 없는 가운데, 인접 학문인 '영어학' 전공의 교수들이 걸쳐서 가르칠 때였다. 이런 상황에 김 학장은 이제 제대로 영어교육을 전공한 사람이 드디어 왔다는 것에 대하여 기대와 자부심은 매우 커 보였다.

김 학장은 그날 다음과 같이 잊지 못할 이야기를 내게 하였다. "이 선생, 돈 걱정 말고 영어교육 전공자로서 하고 싶은 것 모두 다 해 보이소!" 이제 처음 교수 생활을 시작하는 내게 김 학장은 예의 경쾌한 목소리로 단호하게 이야기하였다. 당시 김 학장은 학장에 막 취임하여 사범대학에 맞는 새로운 프로젝트를 시작하고자 하였으며, 실제 지원을 아끼지 않고 해 주려고 작정하고 있었다. 나는 김 학장의 과도한 기대가 부담스럽기도 했으나 동시에 각오와 열정이 마음속으로부터 올라옴을 느꼈다.

2
현장 교사를 위한 A/S (애프터 서비스)

　영남대에 임용이 되고 김용찬 사범대 학장의 기대를 안고서 바로 시작한 것이 사범대 내의 전공인 영어, 국어, 수학 과목의 현장 교사들에게 실제 유용한 교수 자료인 Teaching tip 자료집 발간이었다. 매달 학교교육연구소에서 발간한 전공별 '교과교육자료집' 시리즈가 그것이었는데 각 학과로부터 관련된 내용을 받아 편집하고 인쇄하여 대구시를 비롯하여 경상북도 지역 내 각 중고등학교와 사범대학에도 우송하였다.
　이 자료집은 사범대를 졸업하고 각 학교에서 교사로 가르치고 있으나 더 이상 사범대와의 관계에서 끊어져 사실상 방치 되어 있는 듯한 교사들에 대한 일종의 A/S(애프터 서비스) 성격으로 시작하였다. 이는 불과 10년 전에 이화여고 교사를 할 때, 주니어 교사로서 좌충우돌하면서 어려움이 많았던 시절을 기억하면서, 현장의 교사들을 실제적으로 돕는 프로그램의 일환으로 시작한 것이었다.
　이 일을 하는데 함께 할 교과교육 교수가 사범대에 또 임용이 된 것도 큰 응원이 되었다. 내가 교과교육 교수로 임용된 이후 수학교육과에도 처음으로 '수학' 전공이 아닌 '수학교육'을 제대로 전공한 조정수 교수가 임용이 되면서, 국어교육과의 기존의 '국어교육' 전공의 교수들과 함께 사범대 내 중요과목인 국, 영, 수 교과교육을 전공한 교수들의 연대감이 있게 되었고 활기가 넘치게 되었다.

교과교육자료집엔 각 학과의 교수들이 현장 중심에 포인트를 두고 집필을 하도록 하였는데, 예를 들어 실제적인 액티비티나 팁을 소개하는 등 현장의 교사들이 유용하게 참고하도록 하는 내용이었다. 각 학과에서 받아 든 자료집을 확인하고 이렇게 저렇게 편집 수정하면서 매일 11시 넘어 밤늦은 시간까지 연구실에서 일을 하였는데 재미있었고 그리 힘든 줄 모르고 했다.

이 자료를 받아 든 교사들은 물론 타 대학 교수들의 반향도 뜨거웠다. 대학과 현장과의 연결이 생겨나게 되어 현장이 필요로 하는 것에 대하여 대학은 관심을 가지게 되었고, 현장은 현장에서의 어려움을 대학과의 연결을 통해 방향을 모색해 보는 계기가 될 수 있었다.

3
전국 최초의 멘토링을 시작하다

3.1 대절 버스까지 동원하여 시작된 멘토링

 2000년대 초반, 경제적으로 어려운 가정의 학생들이 사교육 혜택을 받지도 못한채 학업능력의 부진으로 포기하는 학생들이 많은 것을 보고서 사범대 학생들이 인근의 중고등학교 학생들을 돕는 프로그램이 있으면 좋겠다는 생각으로 학습지원 프로그램 하나를 시작했다. 아울러 이는 사범대 학생들이 실제 현장에 대한 이해와 준비가 제대로 없이 4학년에 단 한 달간의 교육실습만을 마치고 현장으로 나아가는 것에 대한 문제를 해결할 하나의 방법이라는 생각도 가지면서 시작하였다.

 사범대 김용찬 학장은 나의 이 제안에 흔쾌히 동감해 주면서 전폭적인 지원을 아끼지 않았다. 마침 같은 교회에 다니는 영남대 인근의 시지중학교 선생님이 있었는데 그분과 이야기하니 좋은 생각이라며 협조를 해 주어, 사범대 3학년 학생들이 시지중학교에 일주일에 한 번씩 방문하여 학습지도를 할 수 있게 되었다. 김 학장은 사범대 (영어교육과, 국어교육과, 수학교육과, 한문교육과) 3학년 전원이 한꺼번에 참여하는데 문제없도록 관광버스를 대절하여 **6km**에 불과한 시지중학교까지 학생들을 실어 날랐고 끝나면 대학까지 다시 그 버스로 돌아올 수 있도록 배려했으며, 이 행사를 하는 데 있어 기타 학사 행정에 문제없도록 큰 도움을 주었다.

처음엔 학습지도로서 출발을 했지만 중학생들 실력은 천차만별이었고, 영어공부에 대한 의욕을 느끼지 못하는 학생들이 많음을 보게 되었고 삶의 목표 의식도 분명하지 아니한 중학생들이 다수인 것을 금방 발견하게 되었다. 그리하여 학습지도와 함께 대학생들이 큰형 혹은 큰언니로서 인생의 조력자 역할을 하는 것도 매우 중요한 역할인 것을 알게 되어 이 프로그램 이름을 '멘토링'으로 정하였다.

이 멘토링 프로그램은 형이나 누나를 통한 학습이라는 점에서 학교 선생님을 통한 학습지도보다 심리적으로 도움이 되었을 것이고, 또 학습지도를 넘어 중학생들에게 실제적인 삶의 조언을 줄 수도 있다고 기대가 되었다. 한두 명의 아이들만 있는 요즘의 가정에서 자란 중학생들은 대학생들을 이렇게 개인적으로 만난 적이 많지 않았기에 대학생과의 만남을 신기해하였고, 학교 선생님들이나 학부모님들도 매우 만족하게 생각하였다.

3.2 이승엽 선수를 초청, 그 꿈을 같이 꾸다

한 학기가 끝나갈 무렵, 멘토링을 받고 있는 멘티 중학생들 모두를 초청하는 프로그램을 마련하였다. 이 자리에 멘티 중학생들이 만나고 싶어하는 유명인사도 초청하여 그의 이야기를 듣고 멘티 중학생이 격려받았으면 좋겠다는 생각을 하게 되었다.

마침 2002년 당시에 대구 연고의 삼성라이온즈 프로야구단이 코리안시리즈 첫 우승을 하는 일이 있었는데 역전을 통한 극적인 우승이었기에 그 지역의 많은 이들이 기뻐하는 때였다. 나는 그때 9회 말, 극적인 3점 동점 홈런을 치며 우승을 이루는데 큰 기여를 한 스타 선수인 이승엽을 초대하면 좋겠다고 생각하게 되었고, 멘티 중학생 입장에서는 같은 지역의 이런 대선수를 만나는 것이 큰 격려요 기쁨이 될 수 있을 것으로 생각하였다.

삼성라이온즈 프로구단에 전화하고, 또 이승엽 선수의 아버지와도 통화하며 취지를 설명하니 그 뜻이 좋다며 이승엽 선수 섭외가 성사되기에 이르렀다. 당시 이승엽 선수의 인기는 폭발적이었는데 영남대 이상천 총장도 이승엽 선수가 학교에 온다는 소식에 중학생들에게 강연하기 전 총장실에 들러 차담회를 먼저 갖자고 연락이 올 정도였다. 차담회를 마치고 강당에 가니 강당에 가득 모인 중학생 아이들은 실제 이승엽 선수가 들어오는 것을 보고 큰 환호성을 질렀으며, 이승엽 선수는 '우리들의 소중한 꿈, 그 홈런을 위하여'라는 주제로 하여 '목표에 도달할 때까지 앞만 보고 달려라'면서 중학생들에게 이승엽 선수의 그 꿈을 같이 꾸도록 격려와 도전을 주었다. 이는 동아일보와 각 스포츠 신문 2002년 12월 11일 자에 크게 실리기까지 했다.

이승엽 선수 이외에도 중학생들에게 꿈을 꾸게 할 수 있는 강연자가 또 있을지 신문을 볼 때마다 유심히 찾곤 했다. 그리하여 식모살이로 미국에 이민을 가 어려움을 극복하고 미군 소령으로 전역 후 하버

드 박사가 된 '나는 희망의 증거가 되고 싶다'의 저자 서진규 작가를 초청하여 강연을 들었고, 그다음엔 한국계 미국인 최초로 미연방 하원의원이 된 김창준 의원을 초청하여 강연을 듣기도 했다.

3.3 영남대 사범대로부터 확산된 멘토링

영남대 사범대에서 한 이 멘토링 프로그램이 나중에 알고 보니 대학이 조직적으로 학교에 정기적으로 방문하여 학습지도를 한 국내 첫 번째 멘토링이었으며, 이것이 신문에 소개되어 영남대 사범대의 멘토링 프로그램이 전국에 알려지게 되었다. 이후 고려대와 서울대 그리고 지자체 등에서 비슷한 형식의 멘토링 프로그램을 시작하게 되었다.

영남대에서의 멘토링에서 아이디어를 얻었는지는 확인이 안 되지만 급기야는 교육부에서 2009년부터 교사자격증을 취득하기 위해서는 사범대생들에게 의무적으로 교육봉사활동 60시간을 초중고교에서 하도록 함을 통해 실제 교육 현장에서 교원의 소양과 실무능력을 기르도록 하였다. 그 취지는 바로 영남대 사범대에서 멘토링을 처음 시작했을 때 생각했던 그것, 즉 단 한 달간의 교생실습이 충분하지 않다는 것과 동일하다. 아울러 서울시에서도 '동행'이라는 프로그램을 새로이 시작하였다. 이는 대학생들이 초중고생 후배들에게 교육봉사 등을 통한 멘토링으로 도움을 주는 프로그램으로서 2021년 '서울런' 학습 멘토링 활동으로 확대 되었다.

전국에서 처음 시작된 영남대 사범대 멘토링이 매체를 통해 알려진

후, 각 대학과 교육부, 그리고 서울시가 시행한 멘토링 프로그램이 영남대 사범대로부터 영향을 받았는지는 확인할 수 없다. 그러나 대학생들의 지식과 경험을 민감한 청소년들에게 나누어 주며 역할모델을 할 수 있도록 체계적으로 도와주는 멘토링 제도가 영남대 사범대에서 처음 시작한 이후 여러 대학에서 혹은 공기관 및 지자체 등 여기저기서 생겨난 것은 그들이 이의 필요성을 인지하게 된 것이라 생각되니 참 다행이고 뿌듯한 마음이 든다.

4

교수가 토스트를 구워 학생에게,
그리고 학생이 교수에게 선순환으로…

유학 중에 기숙사 방을 같이 사용했던 미국인 학부생이 자신의 졸업을 축하하는 조찬모임이 있다며 나를 데리고 간 적이 있다. 총장이 해주는 식사를 같이 먹자면서 말이다. 무슨 말인가 하여 따라갔더니 학생회관 1층 로비에 조찬회장이 마련되어 있고 총장을 비롯하여 교무위원들이 모두 나와 졸업하는 학생들에게 덕담을 나누며 토스트 식사를 손수 만드는 것을 보고 신선한 충격을 받았다. 학생들을 위하여 기꺼이 행주치마를 두르고 학생들과 밝은 아침 식사를 준비하고 함께 먹는 그 열린 마음이 부러웠다. 나는 마음속에 찜했다. 언젠가 한국에 돌아가 저런 마음으로 학생들을 섬길수 있는 기회가 있다면 저렇게 돕겠다고 말이다.

그런 기회가 마침내 왔다.

사실 처음 생활하게 된 대구지역은 맨 처음 매우 낯설었고 서울에서 온 이방인인 내가 끼어들어 가기가 쉽지 않음을 느꼈다, 또 대구의 보수적인 분위기에 교수와 학생의 관계가 그리 정겹지는 않게 보였다. 그리하여 시작해 본 것이 두 가지였다. 하나는 매년마다 임용고시를 앞두고 영어교육과 4학년 학생 전부를 집으로 초대하여 브런치를 함께 하는 것이었다. 30여 명의 학생들이 거실과 부엌에 빼곡하게 앉아 교수가 해 주는 토스트와 계란후라이 그리고 샐러드를 먹었는데, 이는 임용고시를 준비하는 학생들을 격려할 뿐 아니라, 교수와 학생 간의 간격을 줄이고 소통을 하며 졸업하기 전 의미있는 경험을 해 주고 싶은 내 마음의 표현이었다. 두 번째는 사범대 4학년이 교생실습을 떠나는 때인 5월 초, 사범대 교수들이 4학년 학생들에게 음식을 해 주면서 이제 현장에서 실습할 제자들을 격려하는 이벤트를 벌이기로 했다. 미국에서 느꼈던 그 화기애애한 분위기를 보수적인 이곳에서 재연해 보고 싶었다. 이에 제안하니 학장도 역시 해 보자며 흔쾌히 승낙해 주었다.

후라이팬을 준비하고 토스트와 달걀을 구매하며, 또 초대장을 만들고, 행주치마도 주문 제작하여 동일하게 맞추는 등 할 일은 많았지만, 신나게 준비했다. 대구의 보수적 분위기 가운데 나이 지긋한 교수가 행주치마를 입고 학생들에게 토스트를 구워주는 광경은 확실히 이색적이었으며 학생들도 어리둥절해하면서도 감동을 받았는데, 학내에도 화제가 되었다.

영남대 사범대학에서의 이런 이벤트는 당시 국내에서도 처음이었기에 학교를 넘어 여러 신문들이 이 행사를 크게 사진도 찍어 보도하기도 했다. 이어 이런 비슷한 행사를 하는 대학들이 생겨났고 어떤 학교는 졸업식에, 어떤 학교는 축제일에, 교수가 행주치마를 두르고 학생들에게 서빙하는 이벤트를 벌이는 소식을 종종 접할 수 있었다.

영남대 사범대 교수들이 사범대 학생들에게 했던 이 섬김의 스피릿은 학생들에게 감동을 주었고 급기야는 이듬해 스승의 날에 사범대 학생회에서 감사의 표시로 교수들에게 음식을 마련하며 보답하는 일로 선순환되기도 했다. 사실 나는 이것까지 생각해 본 적은 없었기에 학생들의 이러한 자발적인 마음에 울컥한 마음이었다. 화창한 5월 스승의 날, 사범대 건물 앞 잔디밭에서 학생들이 교수들에게 점심을 직접 만들어 제공하는 이 행사는 사범대 특유의 사제시간의 정겨움을 잘 드러내 주었고, 신문 매체는 요즘 시대에 보기 드문 경우라며 교수와 학생 간의 따스한 미담으로 보도를 해 주었다.

5

"뭐라카노?"

 나는 충청도에서 4살 때까지 살다가, 서울로 학교를 옮기신 아버지를 따라 가족이 모두 서울로 이사했다. 그곳에서 유학 가기 전까지 약 30년을 생활했으니, 사실 나는 서울 사람이라고 해도 무방할듯 싶다. 그래서 유학 생활을 마치자마자 시작한 영남대 소재 경산(대구 바로 옆 도시)에서의 삶은 마치 새로운 세계에 들어선 듯 신기하기도 했고, 새로운 흥분이 일곤 했다. 특별히 대구 사투리는 높낮이가 심하고 강하게 들렸으니 생경한 가운데 한편으로는 이국 체험처럼 신기했다.
 지역 사투리가 강한 경산에서 나의 서울 말씨는 생소했는지 종종 어색한 분위기가 연출되었다. 한번은 교수휴게실에서 소파에 앉아 두런두런 이야기 나누는 서너 명의 교수님들 이야기를 옆에서 듣다가 중간에 슬쩍 끼어든 적이 있었는데 그러자 묘한 정적이 일어났다. 지역 사투리로 이야기하던 흐름에 서울 말씨가 불쑥 던져지니, 마치 잔잔한 호수에 돌이 던져진 듯한 느낌이었던 것 같다. 한동안의 정적 속에 조용한 파문이 느껴지던 그 미묘했던 분위기를 잊지 못한다.
 또 한번은 어느 가게에 새우깡 한 봉지를 사려고 들른 적이 있었다. 가게 안에는 할머니가 앉아 계셨는데 내가 "할머니, 새우깡 하나 주세요'라고 하였는데 그 할머니가 못 알아들으셨다. 할머니가 "뭐라카노?" 하시는 것이었다. 내가 다시 한번 '새우깡 주세요' 하였는데도 '뭐라?' 하시는데 내가 놀랐다. 어려운 단어가 아닌 평범한 일상 용어임에도 못 알아들으셨으니 말이다. 단어의 문제가 아니라 억양의 문제라 생각이 들어 그 경험 이후부터 나의 말씨가 조금 바뀌었다.

일단 그 지역 사투리의 운율을 타야겠다고 느꼈다. 가게를 들어가면서, '할매요!' 하고 운을 뗀다. 그리고 이야기한다 '마, 새우깡 하나 주이소!' 자연스럽게 억양을 타면서 이야기 하면 새로운 주파수를 맞추느라 당황치 않고 이해하는 할머니를 볼 수 있었다.

서울 사람으로서 제한적이나마 대구 사투리를 흉내 낼 수 있다는 사실은 마치 내가 이중언어를 하는 것 같은 흥미를 느끼게 해 주었다. 그것이 그곳 생활에 활력소가 되는 것 같기도 했다. 조금씩 더 알게 된 것은 서울 사람들은 대구 사투리와 부산 사투리가 경상도 사투리로서 같다고 막연히 생각하지만, 실상 그렇지 않음을 알게 되었다. 말투가 달랐고 억양도 서로 달랐다. 같은 교회에 다니는 대구교대 교수님이 마산에서 온 분인데 그분은 대구 사투리와 확실히 다른 억양을 쓰는 것이 느껴져 신기했다. 또 대구와 군위 사투리가 다르듯 서로 멀지 않은 거리이지만 부산과 포항 사투리가 미세하게 다른 것을 인지한 것도 재미있었다.

대구에서의 5년 동안의 삶은 내게 새로운 탐험을 하게 하였다. 흔히 이야기하는 영남과 호남의 갈등 문제에 대한 것도 의식이 되었지만, 그보다 더 심한 것은 수도권과 지방의 간극이 매우 큰 것을 알게 되었다. 이런 사실을 알게 되면서 대구에서의 삶을 통해 '서울 촌놈'이라는 딱지를 벗을 수 있는 지각을 갖게 된 것이 다행이라 생각한다.

6

사범대 학장의 뜻밖의 전화 한 통:
"종합 최우수 사범대학!"

    2003년 봄, 영남대 영어교육과에서 한국외대 영어교육과로 옮긴 그해 5월경 어느 날이었다. 영남대 사범대 김용찬 학장 후임인 김혈조 학장 (한문교육과)으로부터 갑자기 전화를 한 통 받았다.

    김 학장은 내게 전국 40개 사범대를 대상으로 한 교육부 평가에서 영남대 사범대가 종합 최우수대학으로 선정되었다고 이야기해 주었다. 그러면서 덧붙이기를 사범대 교수회의에서 논의 결과 교육부 평가에서 종합 최우수대학 선정된 것 관련하여 이길영 교수에게 학장이 대표로 감사의 전화를 하는 것이 좋겠다고 했다면서, 학장이 내게 감사하다며 과분한 전화를 주었다.

    예기치 않은 전화였다. 학장의 이 급작스러운 칭찬 전화에 쑥스러움이 밀려왔으나, 아울러 큰 영광스러운 순간도 되었다. 또 정든 곳을 훌쩍 떠나 서울로 온 내 입장에서 은근한 미안함이 있었는데 이 소식은 영남대 구성원들을 향한 미안함을 조금 덜게 해 주었고 5년간의 영남대 재직생활 동안 할 일을 했다는 보람도 느끼게 했다.

2004년 2월 24일 자 동아일보는 전년도에 있었던 전국 사범대 평가에서 영남대 사범대가 최우수 등급을 받았음을 알리며 그 소식을 이렇게 전하였다.

> 영남대 사범대 교수들(32명)은 교생실습을 나가는 제자들에게 직접 앞치마를 두르고 토스트를 만들어 먹이는 등 평소 정성을 쏟고 있으며, 학생들은 그 보답으로 교수들에게 캠퍼스에서 식사를 대접하는 등 사제의 정이 유달리 두터운 것으로 소문이 나 있다. 또 전국 사범대학 가운데 처음으로 '멘토링' 프로그램을 도입해 중고교생들과 1대 1로 학습 및 인성교육을 해 좋은 평가를 받았다. (동아일보, 2004. 02. 24)

신임 교수로 부임하여 신나게 했던 것뿐인데 신문에서 학생들에게 토스트를 먹이며 정을 나눈 일과 전국 최초의 멘토링을 언급하며 전국 최우수라고 하니 어리둥절하기도 하고 감사하기도 했다. 무엇보다 한마음으로 신뢰해 주고 격려해 준 사범대 교수와 직원의 협조와 수고가 아니고서는 이룰 수 없는 일이었다.

영남대 교수로 지원했던 1998년 초, IMF 금융위기가 막 시작되어 온 나라가 나락으로 떨어지는 듯한 공포에 살던 시절, 모든 학과의 신규 교수 채용이 취소되는 상황 가운데였으나 영어교육과 교수진의 특별한 소명으로 겨우 임용이 될 수 있었다. 지금 생각해 보면, 이는 내가 컨트롤 할 수 있는 일이 아니었다. 하나님의 특별한 인도하심이 아니라면 이를 어떻게 설명할 수 있으랴...

아는 이가 아무도 없었던 낯설기만 한 보수적 분위기의 그 대구지역에서 긴장과 설렘이 교차하며 시작한 사범대 교수로서의 삶... 비록 신임 교수였지만 교과교육에 대한 중요함을 인지하고 마음을 다해 응원을 해 주며 기대해 준 김용찬 사범대 학장의 지원이 있었기에 신나게 일을 시작할 수 있었다. 이 자리를 빌어 김용찬 학장에게 감사한 마음을 표하고 싶다. 아울러 점점 지역 특유의 따스함으로, 때로는 구수한 사투리로 인정 있게 다가와 실제 이 일을 함께 마음을 다해 함께 해 주신 여러 선배, 동료 교수들에게 감사한 마음이다.

돌이켜 보건대 영남대 사범대에서의 5년 기간은 내 마음의 지평이 확장된 곳이다. 4살 이후 서울에서 내내 성장한 나는 그때가 지방에서 장기 거주해 본 첫 경험이었는데, 그곳에서 나는 그동안 서울 중심의 제한적인 시야를 가지고 있었음을 깨달았고, 또한 나의 삶을 객관적으로 바라보는 소중한 계기도 되었다.

압량벌 너른 들판에 한 사학의 거대함을 처음 마주했을 때 나는 전율이 절로 일었었다. 20층 높이의 중앙도서관은 우뚝 서 보였고, 사범대 교수동 옆 테니스 면이 50개가 훌쩍 넘어가는데 끝까지 세어 보기도 쉽지 않았다. 정문에서 본관으로 들어가는 도로는 광활해 마치 공항 활주로 같은 느낌을 받곤 했다. 교내에 큰 호수가 세 개나 되었는데 특히 '거울 못' 옆으로 시작되는 언덕길에 4월마다 피던 벚꽃길은 화려하여 지역의 명소였기에 주말이면 꼬맹이 아이들을 안고서 아내와 함께 나들이를 가곤 했다. 또 초가집과 기와집 골고루 옛집을 여러 채 옮겨 놓은 본관 뒤 한적한 산책길은 생각하며 걸을 수 있는 곳으로 자주 애용하던 숲길이었다. 서울에서 온 외톨이 같은 느낌이 들

때, 벅찬 업무로 기진맥진할 때, 그곳을 거닐며 마음을 다잡곤 했다. 조용한 묵상의 시간뿐만 아니라, 영남대에서 역동성 또한 느낄 기회가 많았는데 특히 넓은 캠퍼스 교내에서 대학생 자작 자동차 경주대회가 열려 레이스하던 차의 질주의 굉음은 다이나믹했던 그 학교의 투지와 도전정신을 보는 듯 했다.

내부적으로도 영남대는 당시 90년대 후반이었음에도 인트라넷은 지금 생각해도 훌륭하였다. 각 교수와 직원 간의 커뮤니케이션의 원활한 작동으로 인해 작업의 효율성 진작과 아울러 내부 상호 토론이 가능하도록 구비된 공개 토론의 장이 인상적이었다. 공대 쪽 교수들의 젊은 감각과 우수한 역량이 돋보였는데 함께 교직원신우회 활동을 한 많은 공대 교수들로부터 믿음의 순수한 열정과 아울러 번뜩이는 전공 실력을 눈치챌 수 있었다. 이는 유림 정서의 기반을 둔 영남대의 전통적이면서도 깊이 있는 문과 쪽 분위기와 잘 어울렸고, 영남대가 한강 이남 최고의 사학으로 인정받는 한 이유라고 생각한다.

3부

사범대 교수로서 누리는
한국외대의
행복한 캠퍼스

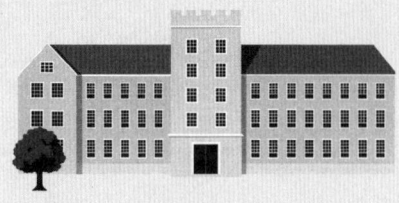

　영남대를 떠나 한국외국어대학교로 옮겨 가르치기 시작한 후, 외대 임용 첫해부터 꾸준히 학과 홈페이지 '교수 게시판'에 나의 짧은 생각을 올리기 시작했다. 사범대 교수로서 학생들을 가르치면서 느낀 것들. 학교나 가정에서 일어나는 일들을 그때그때 생각나는 대로 적어두었는데, 이는 정신없이 지나가는 것을 차분히 성찰함으로 정리하고자 하는 의도도 있었고, 또 내 글을 읽고 반응을 보이는 사랑하는 제자들과의 상호작용의 쏠쏠한 재미도 염두에 둔 것이었다.

　그 이후 학과 홈페이지가 여러 번 개편되고 업데이트 되면서 교수 게시판에 올린 나의 글이 사라지는 위기가 몇 번 있었다, 실제 글 전체가 통째로 사라진 경우도 있고, 또 글은 살아 있지만 함께 올렸던 사진들은 살리지 못한 경우도 많았다. 아울러 학생들이 나의 글에 덧달기했던 내용도 많이 사라져버린 안타까움도 있었다.

그럼에도 약 400여건의 게시글이 전장에서 살아남은 용사처럼 홈페이지 교수게시판에 여전히 남아있어 참 다행이라 여기고 있다. 이는 개편 때마다 살리기 위하여 애를 써준 담당 조교의 도움이 있기에 가능했다. 이 자리를 빌어 그들에게 감사를 표한다.

한국외대 시절의 글이 담긴 3부에서는 지난 이화여고 시절과 영남대에서의 시절의 회고에 기반을 둔 1부와 2부의 내용과는 달리, 주로 '교수 게시판'에서 가지고 온 단상을 정리한 것이다. 작성 일자가 5년이 넘은 글에는 그 일자를 맨 밑에 부기하였다. 대체적인 작성 일자 순서대로 글을 배치하였으나, 엄격하게 일자순으로 배치하지는 아니하였음을 밝혀둔다.

4장

교사교육 길목에서 마주하는 행복

1

왜 그들은 영어 교사가 되려 할까?

3학년 과목 '영어교육과정 및 평가'의 첫 번째 과제는 '왜 나는 영어 교사가 되려하는가'라는 자신의 이야기를 써 오는 것이다. 오늘 수업 시간에 그룹별로 이 과제를 서로 나누고 전체 모임에서 발표하는 순서가 있었다.

수업 첫 활동으로 이것을 하는 나만의 이유가 있다. 사범대 학생이기에 어쩌면 당연한 이야기일 수도 있으나 이 질문을 통해 다시 한번 초심을 생각해 보는 계기가 될 뿐 아니라, 편입생과 3학년, 4학년이 섞인 이 수업에서 서로를 자연스럽게 아는 기회를 가지도록 하기 위함이다. 학기 초에 이렇게 서로 간에 알아가는 것은 수업의 분위기에 매우 큰 플러스가 된다.

요즈음 학생들은 우리 때와는 달리 토의 문화에 꽤 익숙한 편이며 주저하지 않고 자신의 이야기를 하는 것을 즐겨한다. 지난 세대에서는 자신의 개인적인 이야기를 교실에서 하는 것은 합당치 않은 것이라고 생각했던 적이 있었다. 귀중한 수업 시간에 소소한 개인적인 이야기를 하는 것은 수업에 방해가 된다고 느끼곤 했다.

그러나 나는 학생들이 자신의 경험담을 동료들에게 이야기하는 것은 수업에 있어 매우 중요한 기여가 된다고 격려하는 편이다. 살아있는 구체적인 지식이기에 그렇고 그것은 다른 이들에게 소중한 간접경험이 되기도 한다.

이제 3학년, 4학년이나 되었기에 그 학생들은 어느 정도 교사에 대한 자화상을 가지고 있는 학생들이다. '왜 교사가 되려 하는가'에 대해서 이야기하는데 사명감도 엿보인다. 일반 기업에 비해 박봉인데도, 사회적 존경심은 나날이 떨어져도, 이것이 나의 일이라는 소명감이 있다는 학생들도 꽤 많이 있다. 편입생 가운데에는 국내 굴지의 대기업에서 4-5년간 일 하다가 이윤추구로 허덕이며 살아가는 자신의 모습 속에 이게 아니구나 하고 10:1 이상 되는 편입시험을 통해 들어온 학생도 있다. 그런 학생일수록 정말 열심히 공부하고 임용고사 합격률도 높은 편이다.

그런데 하필 '영어' 과목을 가르치는 교사일까? 그들은 학교 다닐 때 영어를 좋아했다고 말한다. 뭔가 'feel'이 있었다고 하면서 말이다. 그런데 이번 학기에도 어김없이 나오는 이야기가 있다. 그것은 영어 교사가 되고자 하는 맨 처음 이유를 이야기할 때 늘 나오는 이야기이다. 바로 자신을 가르쳤던 중고등학교 때의 영어 선생님 이야기이다. 그 선생님으로 인해서 나는 영어가 좋아졌고, 그 선생님으로 인해서 영어 교사가 되고자 마음을 굳혔다는 이야기이다.

몇 년 전, 어느 수업 시간에 '내가 영어를 전공하게 되었고 또 영어 선생님이 되고자 하는 데에는 중고시절의 영어 선생님의 영향이 있다'는 이 말에 동의하는 학생은 손을 들어 보라 했더니 68% 정도의 학생이 손을 들었었다. 또 그 가운데 그 영향이 심대한가에 대한 질문에 대다수가 그렇다고 했다.

  다시 한번 교사의 영향을 생각해 보게 된다. 한 학생의 진로에 영향을 주는 교사의 엄청난 영향력 앞에, 실로 두렵고 떨림으로, 겸손히 나아갈 수밖에 없다. 이 학생들이 정말 영향력 있는 좋은 영어교사가 될 수 있을지, 아니 난 지금 이들에게 어떤 영향을 주고 있는지… 다시 한번 되새기게 되는 날이다.

〈2003. 09. 09〉

2

스승과 함께 여는 대학 첫 아침

어제는 2005년 봄 학기 첫째날, 사범대에서는 특별한 행사가 있었는데 그것은 바로 교수가 학생들에게 음식을 해주며 격려하는 이벤트였다. 이는 내가 외대에 오기 전 영남대 사범대에 있을 때, 외국 유학 중 우연히 참여했던 한 행사에서 힌트를 얻어 교생실습 나가는 4학년 학생에게 처음 시도했던 것이었다. 외대로 옮기고 난 다음에도 사범대의 따스한 사제 간의 정을 북돋는 취지로 이를 해 보고자 했는데 어제 사범대 교수님들이 모두 한 마음으로 잘 도와주셔서 가능하게 되었다.

직전 임기인 이명조 학장 그리고 이제 막 임기 시작한 김신영 학장은 맨 처음에 이 행사 제안을 듣고서 좋다며 기꺼이 해 보자고 응원해주었다. 연로하신 교수님 가운데 혹 반대하는 분이 있으면 어떻게 하나 은근히 걱정을 했지만 취지를 이야기하니 다행히 반대하는 교수님도 없었다. 영남대 때와는 달리 외대에서는 사범대 신입생들이 대학 생활을 처음 시작하는 3월 첫 주의 첫 날을 기념하는 행사로 이를 시행하기로 하였다. 사범대 교수가 향후 교사가 될 신입생들을 따스하게 품고 환영한다는 마음을 느끼도록 하자는 취지이다.

　이 행사를 위해 초대장을 정성스럽고 예쁘게 만들어 신입생들에게 미리 발송하고, 교수들이 두를 특별한 행주치마는 물론 식장에 걸게 될 풍선 장식도 미리 주문하였다. 그리고 사범대 교수회의 중 막간을 이용하여 교수들의 각각의 인사말을 미리 녹화하겠다 부탁하니 감사하게도 기꺼이 응해 주었고, 그 비디오 동영상의 NG 모음도 마지막에 따로 모아 재미있게 볼 수 있도록 편집을 해 두었다.

　전날엔 이마트에 가서 180명이 먹을 토스트와 바나나, 방울토마토, 버터, 커피, 예쁜 냅킨 등등을 사는 등 3시간 가까이 장을 보았다. 그리고 행사장으로 쓸 교수회관 교직원 식당에 조교 학생들과 함께 장식을 하고, 테이블을 옮기며 재배치했다.

　다음 날인 어제 9시, 교직원 식당에 온 신입생과 학부모들은 교수들이 손수 굽는 토스트의 구수한 냄새에 조금은 신기하기도 하고 어색한 표정들이었다. 교수들이 행주치마를 입고 주욱 서고 학생들이 줄을 서서 접시에 하나하나씩 받아 간다. 빵을 건네주면서, 계란 후라이를 건네주면서, 과일을 건네주면서, 커피를 타 주면서 교수들의 축하와 사랑에 신입생들이 점점 따스한 마음을 느끼는 밝은 표정들… 나이가 지긋한 시니어 교수들도 처음에 어색해 하다가는 이내 환한 얼굴로 변함을 보니 신입생들을 따스하게 맞이할 수 있는 이러한 파격이 괜찮다고 생각하는 것 같다.

　학과장 교수인 차경애 교수도 밝게 웃어 신입생을 맞이하고, 이충현 교수는 손수 커피를 쟁반에 들고는 학생 테이블에 가져다 주기도 한다. 어제가 우리 학교 출근 첫날인 김해동 교수도 본인이 사실 새내기임에도 만면에 웃음을 간직한 채 열심히 섬긴다. 외국인 Robb Ross 교수, Mike Misner 교수도 모두 신이 난 모습이다.

대학 4년을 출발하는 날, 서설의 눈까지 내려 캠퍼스가 환한 아름다움으로 가득한 아침, 우리 사범대 교수들과 신입생들은 사랑과 기쁨의 한마음으로 서로를 속삭였다. 사범대의 사제 간의 특별한 정을 새내기들이 알기를 바라면서, 또 이들이 졸업 후에 교단에서 이런 우리의 마음을 기억하고 좋은 교사로 성장하기를 바라면서 말이다.

〈2005년 3월 3일〉

*
후기

제자들을 위해 기꺼이 행주치마를 두르고 음식을 장만하여 학생들에게 다가가는 이 연례 행사는 한동안 외대 사범대 특유의 사제지간의 끈끈함으로 당시 언론에도 많이 소개되었다 (2006.3.2. (서울=연합뉴스/한상균 사회부 기자)). 영남대에서와 달리 외대에선 토스트가 주먹밥으로 바뀐 적도 있고, 또 미래 교사가 될 학생들에게 귀감이 될 명사를 초청하여 특강을 듣는 코너도 신설하기도 했는데, 학생들이 교수가 해 준 음식을 먹으면서 교사의 사명과 비전에 대하여 도전을 받고 격려를 얻도록 함이었다. 또 김신영 학장은 이에 하나를 더 추가하였는데 신입생들에게 교사로서의 꿈을 적은 내용을 적어 타임캡슐에 봉인하도록 하고 졸업 시에 열어보도록 하는 활동을 추가하는 등 조금씩 발전해 나갔다.

조금 더 지난 후, 내가 학장이 되었던 2013년에는 '한 아이를 키우려면 온 마을이 필요하다'는 아프리카의 속담처럼, 학과 구분 없이 사범대 전 학과의 모든 교수가 사범대 신입생에 대하여 관심을 보이고 유대감을 형성하며 서로 영향을 주고받음이 중요하다고 생각하였다. 이에 사범대 모든 교수 각자가 준비한 자기소개 파워포인트로 자신을 소개하고 신입생을 격려하도록 하였다. 소개의 내용 가운데는 각 교수들의 '인생 모토', '가장 감명 있게 읽은 책', '대학생으로 돌아가면 가장 하고 싶은 것' '신입생에게 주는 조언' 등등을 발표하도록 하여 신입생들에게 실제적인 도움이 되도록 배려하였다.

코로나 전후하여 이 행사가 중단되었으나 이후 윤현숙 사범대 신임 학장은 2025년부터 다시 이를 시작하였으니 사범대 특유의 사제 간의 연결의 중요성을 확인하고 명맥을 이어 나가는 것 같아 매우 기쁘게 생각한다.

3

친정 아비의 마음

    교사가 되기 위해서 사범대 학생들은 다른 단과대학과 달리 몇 가지 해야 하는 필수사항이 있다. 그중에 하나가 4학년 때 학교 현장에서 한 달간 실습하는 이른바 '교생실습' 과정을 거쳐야 한다.

    지난주, 사범대 교수로서 교생실습의 현장에 다녀왔다. 우리 학생들이 교생으로 나간 학교를 순회하며 방문하는 것이 사범대 교수들이 교생실습 기간에 하는 것 중 하나이다. 우리 학과 학생들이 교생으로 중등교육 현장에서 잘하고 있나 궁금하기도 하지만, 현장의 교장 선생님과 교생을 지도하는 연구주임 선생님 및 담당 교과목 선생님께 인사하며 소통을 하는 시간이다. 올해 내가 맡아 순방할 학교가 네 학교... 중계동으로부터 청량리 지역 그리고 8학군이라는 강남에 이르기까지 여러 지역을 다녀왔다. 순방할 학교도 중학교와 외국어고등학교가 다양하게 포함되었다.

    교사의 꿈을 꾸며 훈련받는 이 제자들을 찾아가는 그 기분... 약간의 과장이 섞여 이야기한다면 그것은 시집간 딸을 찾아가는 친정 아비의 느낌과도 같다. 학교에서 이 학생들을 교생으로 기꺼이 받아준

걸까, 아니면 협력학교여서 할 수 없이 의무감으로 받은 걸까? 이 학생들이 중학생들을 잘 가르쳐야 하는데 혹 아이들 앞에서 실수하지는 않았을까? 대학교에서 가르쳐 준 것 가운데 혹시 현장에서 정작 필요한 것이 빠져서 현장에서 당혹해하지는 않았을까? 중학생들은 교생들을 좋아하지만 정작 학교 선생님들은 3월부터 겨우 잡아놓은 중학생들의 기강을 교생들이 흐트러지게 한다며 혹 이 교생들이 미운털이라도 박히면 어떻게 하나? 교생들의 연구수업에 참관하는 교장, 교감 그리고 여러 선생님들 앞에서 혹여 당황하지는 않았는지 등등 여러 걱정 가운데 교문에 들어서곤 한다.

교생실로 찾아간 나를 보면 모두 반가워한다. 정말 친정아버지를 만나 이야기하듯 재미있던 일, 고생한 일 다 쏟아놓는다.

예전에 영남대에 있을 때 일이다. 교생 순회지도 차, 대구 시내의 어느 고등학교 본관 건물에 들어서는데 수업을 마치고 계단을 막 내려오는 제자 교생과 마주쳤다. 그런데 나를 보더니 갑자기 눈물을 뚝뚝 떨어뜨리는 것이 아닌가. 직감적으로 고생을 하고 있음을 알게 되어 안쓰러웠다. 학생 신분으로 있다가 일종의 첫 사회생활이니 왜 고생이 없을까? 아침 7시 30분까지 등교, 자습 감독, 교직원 회의, 조회와 종례를 맡아 감당하고. 하루 3-4시간의 강의를 하기도 하며 그에 따른 채점을 하기도 한다. 그리고 특기 적성 강의에, 교안 작성, 면담까지... 이들의 어깨에 눌린 무게가 만만치 않은데, 거기에 지도 교사에 따라 특별회 부과하는 업무가 있으면 일이 정말 많아지게 된다.

그 눈물을 흘리는 교생을 서둘러 달래준 후 바로 교장, 교감 선생님을 만났다. 그런데 교장실에서 그 교생 이야기를 전혀 할 수 없었다.

우리 아이를 맡아 지도해 주시는 것에 감사해 할 수밖에 없는 친정 아비의 입장에서, 그런 이야기를 처음 만나는 교장 선생님께 할 수는 없는 노릇이다.

교장실에서 환담을 마친 후 매점에서 음료수와 과자를 사 들고 서둘러 교생실로 향하였다. 교생들과 나밖에 없는 편하게 이야기하는 시간이다. '한 시간 서서 이야기함이 이리 힘든 줄 몰랐다. 연속 세 시간을 서서 강의하는 날은 정말 다리가 아프다. 목도 아프다. 해야 할 잡무가 많다. 아이들이 아직 초등학생티를 못 벗어나 솜털이 얼굴에 보이는데 너무 귀엽다. 면담에서 자기 고민을 이야기하는 아이들을 보면서 옛 생각이 났다. 수업 중에 어떤 아이가 질문을 하는데 정답을 몰라 순간 당황했다' 등등 많은 이야기가 쏟아진다. 이들은 비로소 느낀다. 학생 때와 다른 교사의 입장을 경험하면서 이 직임이 그저 직업으로만 생각하고 할 수 있는 것이 아니라고 말이다.

'즐거움도 있지만 때로 힘든 어려움도 있다. 선생님을 바라보며 영향을 받고 있는 아이들을 생각하고 마음을 다잡으라'고 다독거려 주었다. 나도 교생 시절 겪어보았고 현직 교사로서 교생도 받아보았기에 이들의 어려움을 조금은 이해하는 편이다. 한 달간이긴 하지만 이제 훈련받는 교생으로서 최선을 다할 것을... 시절 좋은 친정 생활 (대학 생활)은 잊어버리고 시집에 잘 적응하며 앞만 보고 가라고 이야기했다.

선생님들은 친절히 후배 교사가 될 교생들을 열심히 지도해 주고 있다. 교생들로부터 현장에서 정말 열심히 하는 선생님들을 보면서 자극이 되었다는 말을 들으면 기분이 참 좋다. 정말 그 학교로 보낸 것에 뿌듯하기만 하다. 또 좋은 교생 보내주어 감사하다고 내게 연신 허리를 굽히는 지도 교사와 교감 선생님을 만나면 나는 그들보다 더욱 허리가 굽혀진다.

복도에서 스쳐 지나가는 아이들이 교생들에게 "선생님"하며 밝게 인사하는 모습에, 또 그 인사에 웃으며 답하는 제자 교생들의 모습을 보면서 빙그레 웃음을 몰래 지어본다. 그래도 선생 구실을 하긴 하나 보다 생각되니 친정 아비의 기분이 좋다.

교문을 나서며, 교사로서 훈련이 진행되는 교생실습 학교 현장에서 나는 새 교사로 탄생할 준비를 하는 교생의 땀방울이, 그리고 그들의 눈물이, 또 그들의 상기된 뺨이 아름답다고 느낀다.

〈2004년 5월 3일〉

4

'전국 중등영어교사 수업경연대회'의 팡파르
-열정있는 우수교사를 발굴하여 격려하고 싶은 마음-

예전에 고교 영어 교사로서, 또 현재 사범대학에서 영어 교사가 될 학생들을 양성하는 사범대 교수로서 안타까운 것이 하나 있었다. 경쟁률이 높은 임용고사를 패스하여 현장에서 열정을 가지고 창의적으로 가르치는 많은 영어 교사가 있지만, 이들이 특별히 드러나길 원하지 않을 뿐 아니라, 또 그들을 인정하는 공식적인 기회도 별로 없었음을 알게 되었다. 영어의 중요성은 날로 커지는데 청소년들이 영어 과목에 흥미 있도록 접근하고 효율적인 학습이 이루어지도록 장려할 뿐 아니라, 그런 우수한 영어교사를 격려하고 칭찬하는 제도가 있으면 좋겠다 싶었다.

영어 교사를 바라보는 세상의 눈은 10년 영어를 배워도 말할 줄 모르는 그 책임이 온전히 영어 교사들에게만 있다고 여기는 듯했다. 전체적인 교육 구조를 도외시한 채 말이다. 이런 시선에 비록 시골 조그만 학교에서일지라도 열심히 있고 열정이 있는 우수한 영어 교사를 드러내어 세상에 알리고 싶었고, 그들이 인정받아 계속 정진하도록 격려하고 싶은 꿈이 있었다. 이러한 일은 사범대 교수로서 마땅히 해야 할 일이라는 사명감도 있었으며, 아울러 그런 우수한 교사를 우리 외대 재학생들이 접하게 되면 예비교사의 정체성 및 교사 교육의 관점에서도 좋은 동기부여가 될 것이라고 생각했다.

마침내 오랫동안 품어 왔던 그 꿈 하나가 오늘 이루어졌다.

학과 교수들도 한마음으로 함께 해 주어 지난해 11월부터 시작하여 준비에 준비를 거듭, 2005년 6월, 전국의 영어 선생님을 대상으로 한 '제1회 전국 중등 영어교사수업경연대회' 예선이 드디어 학교에서 열리게 되었다. 1차 예선은 서류전형, 2차는 면접, 그리고 3차 본선에서는 실제 수업을 중고생 앞에서 시연하도록 하고 우수한 기량을 선보이는 교사에게 상을 주는 대회이다.

사실 서울에 오기 전 영남대에 있을 때, 우수한 교사들에 대한 발굴과 격려를 꿈꾸며 이와 같은 대회 개최를 제안했지만, 학교 당국은 좋은 의견이라고 이야기만 할 뿐, 전국의 교사들이 여기 경산까지 오겠느냐며 구체적인 준비 작업을 하는데 주저주저했다. 그런데 이듬해 외대로 와 동일한 제안서를 학교에 올렸는데, 박 철 총장은 다행히 이 대회 성격이 외대와 잘 맞는다는 생각을 하였고 학교의 홍보 효과도 기대된다며 매우 적극적으로 반응을 보여주었다.

그런데 상금 부분에서 총장이 좀 부담스러워하는 눈치였다. 제안서에 대상의 부상으로 미국 캘리포니아 대학의 TESOL연수 한 달 프로그램 비용, 즉 항공료와 등록금 및 숙박비와 식비 등 일체를 부담하는 것이었고, 2위 격인 금상도 항공료와 등록금 그리고 식비를 뺀 숙박비를 부담하는 것이었기에 예산의 규모에서 부담을 느낀 것 같았다.

  총장은 내게 대상의 부상으로 고급 만년필 정도로 하면 어떠냐고 제안하였는데 나는 교사들을 설문하여 가장 원하는 부상이 무엇인가 알아보니 해외연수였음을 총장에게 알려주며 이 대회를 학교 명성에 맞는 명품대회로 하려고 한다면 교사들이 원하는 부상으로 해야 한다고 설득을 했다. 또 총예산이 2천여만원 정도로 이런 대회를 개최하는 것이 가성비가 높은 편이며, 무엇보다 영어와 영어교육 관련한 한국외대의 전문성 이미지 제고, 그리고 전국 영어 교사들이 한국외대 대회에 관심을 가지고 참여함으로서 교사들은 물론 그들이 가르치는 중고생들에게까지 외대 이미지의 홍보 효과로 유형, 무형 이점은 매우 크다고 강조했다. 한국외국어교육학회 회장도 역임했었던 박 철 총장은 내 말을 듣고 다행히 동의해 주었다.

  과연 몇 명의 교사들이 지원할까 궁금했다. 학생이 아니라 교사들이기에 자신의 실력이 노출되면 어쩌나 하는 노파심에 지원할 이가 별로 없을 것이라는 생각과 아울러, 한편으로는 지금까지 이런 전국적인 대회가 없었으니 열정적인 젊은 교사들이 관심을 가지고 지원할 것이라는 생각이 교차했다. 회의 중에 김신영 사범대 학장이 몇 명이 올 것 같으냐고 하길래 30명만 와도 성공일 것이라고 이야기했으나 사실 그보다 못하면 어쩌나 내심 찜찜하기만 했다.

  그런데 서류 지원을 받고 보니, 100여 명의 교사들이 전국에서 밀려왔다. 이제는 이 많은 인원을 어찌 수용하나 걱정까지 할 정도가 되었다. 그 인원 중, 서류심사와 면접을 거쳐 12명을 본선에 올려 2005년 6월 11일 오늘, 마침내 제1회 전국 중등영어교사 수업경연대회의 팡파르가 울렸다.

멀리 거제도에서부터 대구, 전북, 대전 등 전국에서 참여한 교사들은 많은 인원의 청중을 앞에 두고 마음껏 자신의 기량을 뽐내었다. 모두 우수하여 우열을 가리기가 무척 힘이 들었는데, 청중으로 온 이들은 이러한 우수한 영어 교사들이 우리 주변에 있음을 새로이 인식하게 되었고, 또 이들을 보면서 자극과 도전을 받는 계기가 되었다고 이야기하였다. KBS-TV와 동아일보는 이 대회 소식을 보도하기도 했는데 우수한 교사들이 칭찬받는 소식에 내 마음이 흐뭇했다.

한국의 영어교육이 문제라고 할 때마다 문제의 근원이 실력 없는 영어교사라고 하는 현실 속에서, 그래도 우수하고 참신하며 열정이 있는 이들이 많이 있음을 알리고 또 그들을 발굴하여 격려하고 싶은 오랫동안의 그 꿈이 이루어지는 그 현장에 벅찬 마음으로 있게 되어 감사했다. 현장 속에는 지금도 묵묵히 일생을 바쳐 자신의 교육적 사명에 열심히 일하는 능력이 뛰어난 교사들이 많이 있다.

〈2005. 6. 11〉

*
후기

이 대회는 1회 대회 이후 점점 교사들 사이에 많이 알려지게 되었다. 본선이 열리는 한국외대 애경홀 대회장엔 제주도에서 단체로 참관하러 온 교사들도 있었을 뿐 아니라 각 출판사에서도 참관함을 통하여 이 대회 입상자들에게 자사 교과서 및 참고서 집필을

의뢰하는 풍경도 연출이 되었다. 또 입상자들이 EBS 강사로 선발되어 출연하게 되는 등 우수교사로 인정받는 등용문 역할을 하였다.

뿐만 아니라 외대의 영어교육 전공 학부생 및 대학원생들도 본선 대회장에 직접 참관할 수 있었는데 전국의 우수한 교사들의 모습을 직접 눈으로 보며 도전을 받았다, 나는 수업 시간에 이 대회의 본선 시연 비디오 영상을 재학생들에게 보여주면서 영어 수업의 질적인 제고를 위한 피드백을 나누고 학생들과 토의를 하기도 하였다.

한국외대 아니면 어느 대학이 이런 행사를 하겠느냐며 입상자들이 이런 기회를 준 한국외대에 감사의 표현을 할 때와, 또 참관을 한 재학생들로부터 우수한 기량을 가진 열정 어린 교사들이 우리나라에 많음을 새로이 인식하게 되었다는 피드백을 들을 때 가장 보람이 느껴졌다. 해를 거듭할수록 다른 대회에서 우승한 교사가 이 대회에도 참가하여 제대로 진검승부를 벌이고자 한 경우도 많았다, 특별히 교육청에서도 개최하는 유사대회에 비해 더 큰 권위를 인정받았기에, 교육청 대회 우승자도 이 대회에 다시 출전하는 경우가 여럿 있었다, 또 어떤 교사는 이 대회에 두 번, 세 번 도전 끝에 결국 입상하는 열의도 보여주기도 했다.

2005년부터 시작한 이 대회는 5회 대회인 2009년까지 매년 열리다가, 6회부터는 2년에 한 번 개최로 전환되어 2017년 9회 대회까지 개최하였다. 각종 준비로, 또 심사위원으로 마음을 다해 애써 준 학과 교수들의 도움이 없었다면 개최되기 어려웠을 것이기에 참으로 감사한 마음이다. 코로나 이후 새로운 패러다임의 교사 교육의 일환으로, 재학생들에게 좀 더 유익한 활동의 필요성이 대두되어 이 대회를 접게 되었으나, 전국의 숨겨져 있던 우수 영어 교사들이 빛을 발하고 격려받는 기회가 되었을 뿐 아니라, 그들의 수업 기량과 잠재력을 보고 한국의 영어교육 그 미래 가능성을 엿볼 수 있어 의의가 있었다고 생각한다.

5

'옛 영어 선생님을 만나라고요?'

    우리 학교 교육대학원의 수업은 야간에 있다. 야간 수업에는 야간 수업만이 주는 묘미가 있다. 바깥에 어두움이 깔려있지만, 형광등 불빛으로 환한 교실 안에서는 고즈넉함이 있고 조용하기에 수업에 집중이 잘 되는 경향이 있다.
    오늘 교육대학원 수업은 옛 중고시절의 선생님을 탐방하고 난 다음에 소감을 제출하는 날이다. 이는 매년마다 교육대학원생에게 뿐 아니라 사범대 학생들에게도 매년 동일하게 내는 과제로서, 영어 교사가 될 학생들이 자신을 가르쳤던 중고등학교 시절의 옛 영어 선생님을 만나 조언을 듣는 인터뷰 과제이다. 통상 이 과제를 5월 스승의 날을 한 달여 앞둔 날 부과하는데, 이는 이 과제를 위해 스승의 날 야간에 은사님을 뵐 수 있도록 미리 일정을 조정하게 하기 위함이다. 이 과제는 매년 빠지지 않고 학생들에게 부여하고 있다. 교사가 되려고 준비하는 학생들에겐 의미 있는 활동이라고 생각하기 때문이다.
    사실 매년 이 과제를 내주면 많은 학생이 부담스러워하는 눈치가 느껴진다. 졸업 후 한 번도 안 찾아뵈었는데 과제 한다고 불쑥 찾아갈 생각을 하니 그 막막한 마음이 사실 이해가 간다. 또 자신을 기억 못 할 것이라는 두려움도 있기에 더욱 그러하다. 그런데 실제 과제를 하고 나면, 즉 은사님을 만나고 나면 그들의 반응이 180도 달라짐을 매년 발견한다. 이렇게 해서라도 은사님을 뵈어 너무 다행이라고, 은사님이 반가워해 주셔서 기뻤고, 또 영어 교사로서의 마음가짐을 새삼 되새길 수 있게 되었다며 감사하다고 이야기한다.

그렇다... 나는 내 경험을 통해 알고 있다. 아무리 연락이 없었던 제자일지라도 찾아오는 제자가 반갑고 감사했음이, 또 영어 교사가 되겠다면서 조언을 구하러 온 제자라면 이제 같은 동료의 마음이 되어 무척 신났음을 경험했었다. 이 학생들도 이들의 은사님이 기뻐하시면서 마음을 담아 이제 동료의 입장에서 해 주시는 그 조언이 놀랍고 소중했으리라.

오늘 수업 시작하면서 은사를 만난 소감 발표하기를 원하는 학생 있으면 함께 나누자고 했는데 정말 귀중한 이야기를 이들을 통해 들을 수 있었다. 현장의 중진 혹은 노년의 은사님들을 만나 여러 이야기를 들은 학생들의 소감이 잔잔히 전해졌다. 한 명, 한 명 들으면서 현장에서 애쓰시는 선생님의 마음이 전달되어 감동이 있었다.

한 학생은 교사가 되려는 제자에게 해 줄 이야기로 '칭찬'을 말씀하셨단다. 그런데 이 선생님의 칭찬은 'acknowledgement'의 개념의 칭찬이었다. 즉, 인정하는 것이었다. 한 청소년을 앞에 두고 하는 칭찬의 속에는 '잘한다'의 개념보다는 '믿고 있다'는 인정이 들어가야 한다는 것이다. 소감을 듣는데, 어디로 튈지 모르는 럭비공 같은 청소년을 늘 바라보는 선생님이지만 그 마음에 묵묵히 이런 '믿고 있음'의 인정이 있고 그 인정을 받고 있는 청소년의 모습이 그려졌다. 내 마음에 짜르르 감동이 있었다.

　소감을 발표한 또 한 명의 남학생은 30대 중반의 현직 남자 교사였다. 현직 영어교사로서 자신에게 영어를 가르친 옛 은사님을 만났으니 감회가 더더욱 남달랐을 것 같다. 자신의 옛 선생님을 만나기 위해 고향인 전주까지 갔다 왔다고 했다. 전주에서 만난 은사님은 고3때 담임선생님이었고 자신이 고3때, 교대와 사범대 두 학교를 놓고 고민할 때 영향을 크게 끼치신 분이라고 하였다. 인성이 좋으셨던 선생님의 발자취는 이 교사에게 졸업 후 10년 동안 지금도 그 은사님과 계속 교류를 하게 만들었다. 고3 시절, 어려움에 처해 있는 학생들과 상담하면, 상담이 끝난 후 꼭 두 손을 잡아 주었던 선생님이라 한다. 남자아이들의 못생긴 두 손을 한동안 잡아 주시고 간절함으로 이 학생을 바라보셨을 그 선생님의 마음이 전달되어 또 진한 감동이 있었다.

　이 이야기를 듣고는 내가 이야기했다. 이런 맛에 우리가 교단에 서 있다고... 영어 한 단어 알게 하는 것도 중요하지만 이런 감동에 우리가 교사가 되는 것이라고... 잡무가 많고 현실은 어렵고 사회의 인식은 떨어져도 이 보람에 우리는 교사를 한다고... 학생들도 조용히 고개를 끄덕거린다. 내 감정에 스스로 순간 마음이 울컥했다.

　나 또한 이런 교사가 되고자 하는 제자들을 가르치고 있으니 참으로 축복이라고 생각했다. 수업에 참여하는 학생들에게 초심을 잃지 않고 우리 좋은 교사가 되자고 권면했다. 새 학년 담임이 발표되면 새로이 학부형이 된 이들로 부터 근심이 아닌 환호성을 받는 그런 교사가 되자고... 또, 밑 빠진 콩나물시루에 물을 부으면 물은 밑으로 빠지지만 콩나물은 여전히 자라고 있으니, 아이들 자라가는 과정에 우리가 실망하지 말고 인내하며 꾸준히 물을 붓는 교사가 되자고...

　밖은 어두운데 우리의 교실은 꼴깍하는 소리도 들릴 만큼 조용했다. 그러나 안에는 환한 마음이 가득했다. 밤늦은 시간이었지만 매우 행복했다. 좋은 교사가 되고자 하는 그 마음을 가진 사람들을 보면 착한 그들이 너무 좋다.

〈2005년 5월 13일〉

6

영어교사는 잠재적 범죄자?

유학 초기 시절, 내가 영어 교사를 하다가 유학을 왔노라고 소개를 했을 때, 처음 만난 몇 몇 유학생들이 내게 '바로 당신 같은 사람들 때문에 내 영어 실력이 이렇게 되었고 여기서 영어 때문에 고생하고 있다'고 농담 반, 진담 반 이야기하는 것을 들은 적이 있다. 사실, 나도 그분들과 똑같은 피해자라고 생각하였지만, 특별히 반박하지 않은 채 그저 웃어넘기곤 했다.

수업 중 조별 발표를 하는데 한 학생이 내 유학 시절의 그 때를 떠올리는 이야기를 하였다. 그 학생은 말하기를 자기들이 '잠재적 범죄자'라고 생각한단다. 이유는 요즘 영어교육이 문제라고들 이야기하는데 이에는 영어교사의 책임이 크다며, 자신들도 2-3년 후면 영어교사가 될 사람들로, 한국의 영어 수준을 이렇게 만든 영어 교사 범죄자 집단에 합류될 것이기 때문이란다.

학생들이 박장대소하고, 나도 웃었지만, 그저 마냥 웃을 수만은 없었다. 이들이 잠재적 범죄자라면 나는 범죄자를 양성하는 사람이기 때문이다. 사실 그 학생이 한 말은 내게 쓰라리게 들렸다.

영어교육의 문제에 관한 한 우리나라에선 어느 누구도 한 마디 못할 사람이 없다. 학창 시절, 아니 지금도 자신들이 영어로 인하여 겪는 답답함과 속상함이 있기 때문이다. 시대가 변하여 이제 과거의 독해로만 만족 되는 것이 아니고 말하기와 듣기의 비중이 대세가 된 세상이기에 이 속쓰림에 대해 한 맺힌 이야기들이 더 많이 있을 것이다.

우리에게 영어를 가르쳤던 70년, 80년대 그때의 영어 교사를 비난하는 것은 쉽다. 그러나 생각컨대, 그들은 그 시대의 사명을 잘 감당하였다고 생각한다. 그들은 성실히 우리를 그 시대의 요구에 따라 우리에게 문법, 독해를 잘 가르쳐 주었고 배출된 그 인재들은 한국경제의 선두에서 그 영어 실력을 유감없이 발휘해 주었다. 이제 시대가 바뀌어 새로운 분야에 대한 비중이 커져 새로운 영어교육이 필요한 시점일 뿐, 그 영어 교사의 문제가 아니다.

그리하여 공은 이제 우리에게 있다. 과도기를 지나가는 이때 영어 교사가 되고자 하는 이들을 사회가 주목하고 있다. 그런데 여건이 어렵다. 여전히 수십 명을 상대로 가르쳐야 하고, 입시의 경직성이 교사들의 입지를 약화시킨다. 비록 의욕은 있지만 무엇보다 전통적 환경에서 성장한 교사들이 새로운 압박에 매우 부담스러워한다. 사실 그런 환경에서 자란 나도 마찬가지이다.

다행히 영어 교사를 지망하는 우리 젊은 학생들이 밝고 활력이 있다. 신세대 특유의 감각이 살아있고 거침이 없다. 무엇보다 문제를 파악하고 있고 변화를 원하고 있다. 그러기에 미래가 밝다.

〈2003년 9월 18일〉

7

초등 짝꿍이 교장인 학교로 교생 순회지도 가다

 오늘 네이버 사진첩에 6년 전 사진이라고 하면서 갑자기 일련의 사진이 툭 튀어나왔는데 여전히 그날의 감동이 되살아났다. 이 사진은 사범대 교수로서 교생실습학교 순회지도 때 방문한 J여중 교장 선생님과 함께 찍은 것이었는데, 그 교장 선생님이 바로 내 초등학교 시절의 짝꿍 여학생이었기에 지금도 남다른 기억이 있다.

 그 짝꿍 여학생이 서울의 J여중 교장이 되었다는 사실은 동문회 모임에서 들은 바가 있지만 졸업 후 한 번도 만난 적은 없었다. 그러다가 우리 학과 4학년 학생이 그 학교로 교생을 나가게 되었기에 방문하게 된 것이다. 통상 실습학교를 가면 미리 그 학교의 교생에게 간다는 사실을 알리곤 하는데 그날은 미리 알리지 않고 그저 깜짝 방문하기로 했다.

 실로 오랜만에 만나는 것이었다. 그 교장 친구는 초등시절 나와 짝꿍도 자주 했던 여학생으로 늘 수줍어하고, 옅은 미소를 띤 단아한 학생이었다. 가는 길에 반가운 마음을 담아 꽃 한 다발을 샀다. 그 친구가 학교에 있을지, 외출 중일지 어떨지 모르는 상태이지만, 43년 만에 만나는 초등 친구인데 빈손으로 갈 수는 없었다.

처음 가 보는 J여중은 서대문 인근 산 중턱에 있었다. 크지는 않았지만 예쁘고 아담한 여학교의 분위기가 물씬 풍겼다. 꽃다발을 들고 가는데 살짝 설렘도 느껴졌다.

교생을 만나기 전에 먼저 안내표지를 따라 교장실을 찾아갔다. 노크를 하고 조용히 문을 여니 그 친구가 있었다. 초등 때의 그 모습이 그대로 담겨있는 얼굴이었다. 그 친구가 깜짝 놀라며 나를 알아보았다. '어떻게 이런 일이...' 하는 표정이었다, 보니 옆에 어떤 분과 함께 테이블에 앉아있었는데, 학교 이사장님이란다. 얼른 꽃다발을 친구에게 건네주었다. 43년 만의 조우가 이루어진 것이다. 옆에 계시던 이사장님도 우리가 초등 동창 사이라고 하니 놀라며 함박웃음을 지으며 매우 기뻐하셨다.

초등학교 때 노래를 좋아했던 친구는 서울대 성악과를 나와 음악 교사가 되었고, 어느새 5년째 교장으로 근무 중이었다. 이사장님과 친구 함께 교직원식당에서 점심 식사도 하고, 또 방문객인 나를 위해 학교도 구경을 시켜 주었다.

학교를 둘러보는데, 복도에서 만나는 학생들이 두 손을 배꼽에 올려놓고 '안녕하십니까?'하면서 공손하게 인사하며 지나갔다. 학교 이곳저곳을 둘러보니 학생들을 위한 배려와 정성이 느껴지는 곳이 많았다. 깨끗하고 정돈된 학교 화단, 그리고 복도 곳곳에 그림이 걸려 있고 벽의 페인트 톤이 은은하고 안정적이었다. 아름다운 색깔의 하모니가 마치 예쁜 여학생이 가을에 두르는 연한 빛 스카프처럼 고상함이 스며 있었다. 휴게공간은 호텔의 로비같이 햇빛이 들어오는 통유

리와 고전적인 감성의 소파가 인상적이었다. 미래 한국의 어머니가 될 학생들이 소중하기에 최선의 것을 주고자 하는 마음으로 이렇게 실내장식을 했노라는 이야기를 들으니 감동이 되었다.

　가구 하나하나, 창문 하나하나, 미래 이 땅의 어머니가 될 소중한 청소년에 대한 마음이 들어가 있는 그 설비에 대하여 나는 그날 이후 수업 시간에 기회가 있을 때 학생들에게 이야기했다. 왜냐하면 학생을 진심으로 대하는 학교 리더의 그 마음이 있지 않다면 할 수 없는 것들이었을테니 말이다.

　43년 만에 만난 초등 동창이 교장으로 있는 학교에 실습 지도를 가서 초등 친구와의 오랜만의 해후도 좋았을 뿐 아니라, 학생을 향한 교육자의 마음을 보며 얻은 감동이 컸기에 그 기억이 새롭다.

8

27년째 시행 중인 '무감독 시험'

 3월 첫 주 오늘 전공수업 첫 시간에 학생들에게 '이 과목은 무감독 시험을 합니다'라고 천명했다. 그리고는 '이것에 마음이 불편하거나 동참하기가 어려운 사람은 일단 나와 상담을 먼저 하고 수강함이 좋겠습니다'라고 이야기했다. 순간 학생들에게서 정적이 감돈다.
 영남대학교에서 가르치기 시작한 때부터 지금 한국외대에 이르기까지 지난 27년 동안 변함없이 중간고사, 기말고사 그리고 퀴즈에도 무감독 시험을 시행하고 있다. 내가 유학 가기 직전 설립된 한동대에서 무감독 시험을 한다는 이야기를 들은 적이 있어 나도 나중에 교단에 서면 이를 한번 해 보자고 막연히 생각해 본 적이 있었다. 이는 특별히 머리가 좋고 나쁘고의 문제가 아니라, 또 성적이 좋으냐 나쁘냐의 문제가 아니라, 양심이 살아 있느냐 아니냐의 문제이고 한번 시도해 보면 이는 곧 습관으로 이어질 수 있을 것이라는 생각이 들었기 때문이다.
 무엇보다 이 학생들은 장차 교사가 될 사범대 학생이기에 재학생 시절에 이런 것을 경험함이 필요하다고 판단했다. 한번 이 학생들이 경험해 보면 나중에 이들이 교단에 섰을 때 가르치는 중고등학생을 대상으로 쉽게 해 볼 수 있지 않을까 하는 바람도 있었다.

어쩌면 대학 측에서 이 무감독 시험에 대해 아마도 철저한 감독의 중요성을 이야기하며 문제 삼을지도 모르겠다. 그런데 지난 27년의 세월 동안, 매 학기 서너 과목을 가르치면서 중간고사와 기말고사를 보았으니 얼추 320번 이상의 시험을 학생들이 시험 감독 없이 보았다. 감사하게도 학생들이 취지를 잘 이해해 주었고 정말 잘 따라 주었다. 지금까지 이것으로 인해 어떤 중대한 문제가 제기되거나 학생들의 불만이 있지 않았다. 오히려 학생들은 교수가 자기들을 믿어줌에 고마워한다. 어떤 학생은 감독관이 왔다 갔다 하지 않으니 시험을 집중해서 칠 수 있어 좋다고도 이야기한다.

학생들은 무감독 시험을 경험해 보아야 한다고 생각한다. 자기들이 그것을 했다는 감격을 누려보아야 한다고 생각한다. 이들은 교사가 되어 현장에 나아갈 이들이기에 더욱 그렇다.

예전에 대학의 교실 책상과 벽이 시험을 앞두고 컨닝을 위해 글씨로 빼곡하게 도배되듯 하곤 했다. 교수가 학생을 신뢰하고 격려하면 자신들 스스로 무감독 시험을 한번 멋지게 해 보자 하는 자발적인 마음도 생기는 것을 본다. 대학가에서의 큰 이슈 중 하나인 컨닝 추방은 철저한 감독이 아니라 오히려 그들을 신뢰하고 그들 스스로 격려하도록 도와주는 일이 효과적이다.

9

대학생에게 동아리 활동이 있다면 교수에게는?

지금은 신진 교수들이 연구에 대한 압박이 강해 학회 활동을 점점 꺼리는 분위기이지만, 내가 처음 교수가 된 1990년대 말 경 만해도 학회 활동은 학문 교류의 장을 넘어서 선배 및 동료 교수들을 만날 수 있는 좋은 친교의 장이기도 했다. 그렇기에 학회 이사회에 참여하여 학술대회 준비를 계획하고 논의하는 것에 신임 교수인 나는 매우 재미를 느끼고 있었다.

신진학자로서 모든 것이 신기했던 영남대 시절, 내가 처음 관여했던 학회는 '영남영어교육학회'(후에 '팬코리아영어교육학회'로 개칭)였다. 부산에 거점을 둔 학회였기에 이사회가 부산에서 열렸고, 이사회가 주로 열리는 금요일 저녁 시간에 맞추기 위해 오후 3시경쯤 경산역에서 부산역까지 무궁화호를 타는 가는 수고를 해야 했다. 그러나 기차를 워낙 좋아했을 뿐 아니라, 오랜만에 콧바람 쐴 수 있는 기회였기에 마다하지 아니하였다.

대구에서 온 이는 나밖에 없었기에 먼 길 왔다고 환영해 주는 선배 교수들이 감사했고, 이사회 마치고 대구로 돌아오는 길엔 경주대 한 상호 교수의 집이 대구이기에 함께 무궁화호 밤 기차를 타고 돌아오곤 했는데, 같은 또래이고 상상력이 풍부한 한 교수와의 이야기가 즐거웠다. 그리고 몇 년 후에는 영남영어교육학회의 학술대회 장소가 최초로 부산, 경남 지역을 벗어나 대구 인근 영남대에서 열렸고, 나는 교수 5년 차에 학술대회장이 되어 새로 지은 국제관을 이용하여 신나게 개최한 기억이 있다.

이후 '한국영어교육학회(KATE)'와 '한국응용언어학회(ALAK)', 그리고 'AsiaTEFL'에도 깊숙하게 연결되어 부족한 가운데 각각 KATE에서 부회장으로, ALAK에서 회장으로, 또 AsiaTEFL에서 회장으로 함께 한 것도 학자로서의 인생 가운데 기억에 남는 일이다. 특히 이효웅 회장이 한국영어교육학회 회장을 마치고 AsiaTEFL이라는 세계학회를 세울 때, 함께 창립 멤버로 일한 것은 지금 생각해 보면 큰 보람과 함께 잊을 수 없는 일이 되었다. 이효웅 회장은 비원어민을 위한 영어교육을 다루는 이 영어교육 필드에, 비원어민 학습자를 정작 잘 이해하지 못하는 서구 원어민이 중심이 된 학술 활동에 대해 문제의식을 가지고 있었다. 그리고 비원어민을 위한 영어교육이 가장 활발하게 이루어지고 있는 아시아를 중심으로 한 세계 학회창립을 꿈꾸었고 그것이 바로 AsiaTEFL이었다.

이후 25년여 동안 많은 활동을 함께 하는 가운데 나는 이 회장으로부터 추진력 있는 학회 리더의 정신을 배울 수 있었다. 이효웅 회장은 경제적 형편이 여유롭지 못한 대부분의 아시아 국가 회원들의 주머니 사정을 고려하여 학회의 회비를 10년 동안 받지 않는 파격적인 결단을 내렸는데, 덕분에 부산에서 거주하는 이효웅 회장은 일주일에 3-4일은 서울로 와서 후원금을 모으는데 진력해야만 했다. AsiaTEFL이 지금 영어교육 관련 세계적인 학회 중 하나로 성장한 것은 사실 무에서 유를 창조한 이효웅 회장의 열정의 산물이었다고 해도 과언이 아니다.

매년 아시아 각국 도시를 순회하며 열리는 AsiaTEFL 학술대회로 인해, AsiaTEFL이 아니면 알 수 없었던 아시아 각국의 학자들과 정기적으로 만나게 되었고, 또 그 나라의 영어교육 상황을 알게 된 것은 큰 행운이었다. 개회식 및 폐회식 때마다 각 개최 지역의 밀도있는 문화행사를 관람할 수 있던 것도 흥미로웠다. AsiaTEFL은 지금도 매년 학술대회 때 마다 40여개국 1,000여 명의 학자 및 대학원생들이 참가하고 있다.

나는 2000년대 후반, AsiaTEFL에서 사무총장으로 일하다가 이후 코로나 기간 동안인 2021-2022 동안 인도의 Gargesh 교수(인도 델리대)와 함께 공동회장을 수행하게 되었다. 당시 온 세계가 사회적 격리 기간이었기에 온라인으로 학술대회를 열게 된 것이 아쉽기는 하지만, 그런 코로나 상황에서도 2021년 대전에서 그리고 2022년 인도네시아의 말랑에서 각각 800여 명 이상의 인원이 참가하면서 나름대로 위기 상황을 잘 넘긴 것으로 위로하고자 한다.

회장직을 수행하는 동안 각 나라 사람들이 모인 학회이기에 소통의 문제, 문화차이의 문제 등 이런저런 많은 일이 있었지만 각 나라의 대표적인 학회의 회장들로 이루어진 이사진의 폭 넓은 경륜, 그리고 공동회장이었던 Gargesh 교수가 파트너로서 함께 인내해 주고 온화한 태도로 함께 해 주어 잘 넘길 수 있었다. 뿐만 아니라 한국인 교수로서 늘 응원하며 함께 일한 전지현 교수(이화여대), 박주경 교수(호남대), 유원호 교수(서강대)등 보배 같은 교수들이 회장으로서 큰 업적을 남겼을 뿐 아니라, 내 인생에 든든한 동지가 되어 참 감사한 일이다.

대학생이 같은 학과의 친구들만 만나다가 중앙 동아리에 가입하여 다른 학과의 선후배들을 만날 때는 또 다른 문화를 경험하며 참 신선할 것으로 생각한다. 일 년에 한 번 축제 기간에 선보일 것을 위해 늦은 밤까지 함께 일하는 동아리 멤버 간의 동지적 유대감은 매우 큰 것일 것이다. 마치 대학생에게 그런 동아리 활동이 있다면, 교수에게는 바로 학회 활동이 그와 같은 것이라 느낀다. 다른 일도 일이지만, 특히 일 년에 한 번 있는 학술대회를 위해 다른 나라의 대표들과 함께 머리를 맞대고 논의하며 문제를 해결해 가며 다져진 우정의 폭은 이제 국경을 넘고 문화를 넘어 단단히 결속되어 오랜 친구와도 같은 감정을 공유하고 있으니 말이다.

10

반지하 단칸방의 현실을 직시한 멘토 대학생

 영남대 사범대 시절 전국에서 처음으로 시작했던 멘토링... 한국외대 사범대에 와서도 바로 시작하였으니 어느덧 24년 동안 계속하고 있다.
 영남대에서와 달리 외대에 와서는 멘토링을 일회성 행사가 아니라 아예 영어교육과의 정규과목으로 개설하여 매년 안정적으로 진행하고 있으며, 학생들에게 성찰적 교사교육의 과정이 될 수 있도록 하고 있다. 아울러 멘토학생 연결에 있어서도 영남대 때와는 달리 변화가 있었는데 초기에 인근의 학교(경희여중, 전동중, 신현고 등)와 연결하여 진행하다가, 곧 이문1동, 휘경1동, 월계2동 및 중계4동 등등의 인근 주민센터와 자매결연을 맺고 관.학 협력으로 시행하였다. 이렇게 함으로 주민센터 사회복지사들의 도움을 받아 좀 더 멘토링이 필요한 학생들을 발굴하는 계기도 될 수 있었다.
 멘티 청소년들은 주로 사교육을 받을 형편이 안되는 기초수급가정의 학생들이었고 한부모가정이나 조손가정의 자녀들이 많이 있었다. 학기 초, 멘토와 멘티가 처음 만나 매치되는 날 만큼은 멘티의 가정을 방문하도록 하였는데 멘토 대학생들은 멘티 청소년 집을 방문하고는 충격을 받는 경우가 많았다. 12평의 반지하에 할머니와 단둘이 살고 있는 집, 혹은 부모가 있더라도 장사 나가 밤 12시에나 들어오기에 그전까지는 아무도 없는 어둡고 좁은 곳에서 방치된 멘티를 보고 놀라워했다. 한 멘토의 성찰지 소감에는 멘토가 멘티 집에 따라 들어가면서 멘티 방이 어디냐고 무심코 물었다가 현관에 들어가면서 마주친 12평 반지하 단칸방의 현실을 직시하고는 '아차차! 너무 무안했다'고 쓰면서 새로운 현실을 마주했노라고 고백하기도 했다.

통상 멘티는 이 멘토링을 통하여 대학생과 인생 처음으로 이야기해 보는 경우가 많았다. 나는 멘토 대학생들에게 권면하기를 학습지도 이외에 한두 번 정도는 멘티를 대학 캠퍼스 안으로 함께 들어와 도서관과 기숙사 등을 구경시켜 주고 학생 식당에서 함께 밥을 먹는 등의 활동을 하도록 권면하였다. 이는 멘티에게 새로운 경험을 제공하고 비전을 품는 기회를 제공할 수 있기 때문이었다.

2021년부터는 학교 인근의 '도봉구 학교밖청소년지원센터'를 통해 학교에 다니지 않는 청소년들을 멘토링하고 있다. 이는 또 다른 도전이었다. 왜냐하면 자발적 혹은 비자발적인 다양한 이유로 제도권 학교에 다니지 않는 학생들이 포함되어 있었기 때문이다. 단순히 가정 형편의 어려움으로 인한 문제 이외에, 보다 더 복잡한 멘티 개인의 환경과 멘티에 대한 이해가 필요했다.

멘토 대학생들은 멘토링 활동을 통해 기존의 제한적인 한 달짜리 교육실습이 확대되는 효과를 경험할 수 있어 유익하다. 아울러 대학생과는 사뭇 다른 환경에서 자라고 있는 힘든 가정환경의 멘티를 접촉함을 통하여, 장래 교육 현장에서 만나게 될 다양한 청소년을 미리 경험해 보아 훗날 교단에서 적응하는데 도움이 될 것이다. 이를 통해 교사적 사명감을 더 함양시킬 수 있으리라는 기대가 있음은 물론이다.

11

'Teacher Shower' 20년 동안 한결같이

유학 중에 새로이 알게 된 서양의 문화가 하나 있었는데 바로 Baby Shower였다. 아내가 큰아이 출산을 앞두고 있던 때, 교회 성도들이 태어날 아기를 기대하면서 곧 엄마가 될 아내의 출산과 육아에 필요한 여러 물품을 선사하며 함께 축하하는 모임을 가졌는데 그것이 Baby Shower라고 한다는 것을 그때 처음 알았다.

이에 착안하여 이제 곧 교사로 서게 될 예비교사를 위하여 준비한다는 의미를 담아 'Teacher Shower'라는 교육 매거진을 영어교육과에서 발간하기 시작한 것이 2005년이었다. 학과 교수님들도 기꺼이 찬동해 주어 시작한 것인데, 사실 맨 처음에는 생각하지는 못했다. 한해도 거르지 않고 지금까지 20년 동안 매년 발간하게 될 줄은 말이다.

국가 외국어교육의 핵심 커리큘럼은 초등이나 대학의 외국어교육이 아니라, 중고등 외국어교육이라고 볼 수 있다. 사범대 각 외국어교육과의 중요성은 이러한 국가 커리큘럼에서 비롯된다. Teacher Shower는 영어교육 전문가 인력을 서로 연결하며, 격려하고 도전하는 역할을 한다. 이것에 들어가는 내용으로 최근의 영어교육 이슈 및 영어교육 논단과 교육 현장 소식, 그리고 교수 및 동문과 재학생의 동정 사항과 목소리, 또 재학생 활동과 특별활동 내용이 있으며, 나아가 학내 영어교육 기관의 소식과 사범대 각 학과의 주요 소식도 싣고 있다. 즉, Teacher Shower는 현장과 대학의 연결역할을 하고 있으며, 재학생 및 동문의 커뮤니케이션 공간일 뿐 아니라 사범대 내 연결 고리 역할도 하고 있는 것이다.

Teacher Shower는 동문과 각 교육청 및 전국의 외고를 비롯한 주요 고등학교에 우송되고 있다. 그러므로 고교생에게 홍보 효과도 있을 뿐 아니라, 그들이 대학에서 행해지고 있는 교사 교육의 동향을 미리 맛보게 하는 계기도 될 수 있을 것이다.

원고를 쓴 이들에게 원고료를 주지 못함에도 매해 기꺼이 써 준 이들이 있어 이것이 가능했고, 도움을 준 조교들의 애씀이 있었다. 아울러 오랫동안 원고 수집이나 편집 등 지도교수로 수고해 준 이충현 교수를 비롯해 여러 교수의 헌신적인 도움이 있었기에 이 또한 가능한 일이었다.

2024년엔 20주년 기념 특집호를 발간하였으니 지난 20년 간 쉬지 않고 발간된 Teacher Shower가 아마도 전국의 대학 가운데 학과 단위의 가장 오래된 교육 매거진이 아닐까 싶다. 그만큼 소중한 전통이다. 영어교육 전문가들의 유익한 소통의 장으로 계속 발전하기를 기대해 본다.

12

사범대 교수들에게 현장을 알게 하고 싶은
서울시 교육청의 마음

　사범대에 있으면서도 중고등학교 현장의 변화를 알기란 참으로 어렵다. 외대 영어교육과에서는 매년 마다 우수현장교사 다섯 분을 시리즈로 초빙하여 이야기를 듣는 시간이 있고, 나는 개인적으로 교생실습 순회 지도를 매년 빠지지 않고 서너 학교를 꾸준히 가려고 애쓰는 편인데도 학교 현장의 변화의 흐름을 감지하기란 쉽지 않다.

　그런데 어제 서울시교육청에서 주최한 서울지역 사범대 교수진들을 위한 특강이 하루 종일 창덕여중에서 있었다. 대학에만 있느라 현장을 모르는 사범대 교수들을 위한 행사였다. 서울시교육청도 현장을 모르고 갇혀있는 사범대 교수들이 얼마나 답답했으면 '중등학교 이해도 제고를 위한'이라는 타이틀을 붙여 이 행사를 준비했나 싶어 그 마음이 느껴지기도 했다.

　특별히 창덕여중은 미래학교로 지정되어 있는 선진화된 학교임을 이번에 가서 알게 되었는데, 내가 봉직했던 이화여고 바로 담 건너 옆 학교였기에 여기가 이런 내공이 있는 학교임을 알고 적잖이 놀랐다. 교장 선생님의 소개를 통해 변화하는 현장의 분위기가 가득 느껴졌다. 선생님들의 노력과 고뇌 그리고 애쓴 현장의 결과를 볼 수 있어 가슴이 벅차기도 했다.

소개 오리엔테이션이 끝나고 학교를 둘러보는데 함께 둘러보는 각 대학의 사범대 교수들의 입에서 탄성이 곳곳에서 나왔다. 물리적 환경과 수업의 질적 제고에 현장의 선생님들이 쏟는 수고가 느껴졌기 때문이었다. 정말 내가 중학교 다니던 70년대는 말할 것도 없고 학교 현장에 교사로 있던 90년대 초, 그리고 아이가 중학교 다니던 2010년대 초, 그 언제도 볼 수 없었던 변화의 흐름을 볼 수 있어 놀라웠다.

학생 수는 반에 18-20명 정도였기에 학생들이 학교에서 누리는 환경이 미주나 유럽의 선진국 학교 같은 모습이 연상되었다. 수업참관자가 다수 있음에도 너무도 자연스러운 학생들의 수업 모습에 오히려 내가 당황하였는데, 청바지에 검은 티를 걸친 선생님의 모습 속에, 옛 시절 누가 수업 참관하러 온다고 하면 미리 연습도 하고 경직된 모습을 보여주었던 그때가 오버랩되었다.

이후 점심을 먹고 세 분 교사들의 혁신 수업에 대하여 들을 수 있는 기회가 있었다. 나는 특별히 마지막 월곡중 제연강 교사의 수업을 통해 이분의 열정과 그 마음이 느껴져 좋았다. 선생님의 마음이 느껴지니 학생들은 선생님과 교감을 적극적으로 하고 있음을 보게 되었고 이들이 성장하고 있구나 느꼈다. 학교 공교육과 교사의 질적 저하 문제에 대하여 걱정하는 사회의 일반인들에게 들려주고 싶은 사례발표였다.

학교와 교사의 이런 끊임없는 변화에 대한 갈망의 스피릿을 나도 예전에 이곳저곳에서 느꼈던 바라 제연강 교사의 변화에 대한 추구에 감동을 받았다. 사실 그런 무명의 교사들을 칭찬하고 싶고, 또 우리 사범대 학생들이 그런 이들을 보면서 좋은 자극을 받을 수 있겠다 싶어 20여 년 전에 전국영어교사수업경연대회를 기획하고 시작하기도 했었다. 이제 학교 변화의 물결은 에듀테크 시대의 흐름에 따라 그 끝이 어디쯤일지 알 수 없을 만큼 날아가고 있다.

어제 아침부터 오후 7시까지 변화되는 학교 현장에 하루종일 앉아서, 10대 초반의 학생들을 바라보고 또 이들을 위해 애쓰며 깨어있는 장학사들과 교사들을 바라보면서 감사와 감동이 느껴졌다.

13

교사로 훈련받는 이들을 격려하는 시간

(1)

　교사 임용고시를 치르는 4학년 학생 9명과 함께 몇 주전에 식사를 한 적이 있다. 그들을 격려하는 마음을 담아 나와 이충현 교수가 함께 했다. 안 그래도 뽑는 인원이 많지 않아 수십대 일의 경쟁률인데, 인구절벽 시대를 맞아 학생들은 조금 더 쪼이는 느낌으로 공부 중일 것이다. 그럼에도 학과 교수가 부르니 이 학생들은 시험이 며칠 남지 않은 이 시점에 초조함을 뒤로 하고 기꺼이 함께 즐겁게 식사했다. 내가 2학년 때 가르쳤던 학생들이었는데 2년 만에 보니 훌쩍 더 크고 성숙하고 의젓한 모습에 이제 교단에 서도 되겠다 싶은 느낌을 갖게 된다.
　얼마 전에 입학처로부터 우리 학과의 신입생들의 평균 내신등급을 알게 되어 놀란 적이 있었다. 외대 입학 성적이 가장 우수한 학과 중 하나로, 내가 가르치는 학생들이 이렇게 우수한 아이들이구나 싶어 2학년 수업에 들어가 학생들을 새삼 경이로운 마음으로 한참 쳐다보았다. 이렇게 치열한 경쟁을 뚫고 들어와 4년의 과정을 마치는 시점에, 다시 사회로 나가는 관문에 들어선 이들이 그간의 입시 여정에 얼마나 마음을 졸이며 여기까지 달려왔을까 생각하니 마음 한 겹이 먹먹해 진다.

    식사를 하고 또 커피도 같이 하는 여유를 짐짓 부리면서 오랜만에 함께 웃으며 시간을 보냈다. 중요한 시험을 앞두고 짧은 시간이나마 편한 마음으로 쉬게 하고 싶었다. 마지막에 이들을 위해 기도하고픈 촉촉해진 마음이 불쑥 올라와 기도해 주고 싶다고 하니 착하게도 모두 조용히 고개를 숙인다. 이들의 소기의 목표를 잘 이룰 수 있기를.. 그리하여 이 시대의 좋은 교사로 성장할 수 있기를...

(2)

    이번 학기 내가 가르치는 '현장영어교사지도 및 교사교육실습'을 수강하고 있는 학생들은 '도봉구 학교밖청소년지원센터'에 가서 이른바 '학교 밖 청소년' 아이들을 가르치고 있다. 그 학생들에게 이제 종강을 앞두고 마지막 수업은 학교 앞 카페에서 하자고 했다.

    12월 말 마지막 수업 시간을 사랑방 모임처럼 만들어 주고 싶었다. 따뜻한 아랫목에 등을 벽에 대고 다리 주욱 펴서 이불로 발목 덮고, 군고구마 먹으면서 하면 참 좋겠는데, 그렇게 하지 못하니 이렇게 카페 내 스터디 룸 공간에서라도 따로 한 학기 수고한 학생들을 위로하고 이런저런 이야기를 두런 두런 하고 싶었다. 이들 가운데는 4학년 학생들도 있고 내년 봄에 자신의 모교로 발령받아 나가는 학생도 있다.

은은한 커피 향을 음미하면서, 학교에 다니지 않는, 즉 학교 밖의 청소년을 한 학기 가르친 경험이 함께 공유되었다. 또 이 과목을 통해 교사로 훈련받으면서 느낀 소회, 교사로서의 비전, 아울러 20년 후의 자신의 모습 등등 다양한 이야기들이 나왔다. 서로 자극을 받고, 또 공감도 얻어 서로 격려도 하면서 좋은 교사의 모습을 깨우치며 세워가고 있음이 보기 좋았다.

교사로 임용되기가 너무 어려운 이 시대를 마주하고 있으나, 교사가 되어서 하고 싶은 것들이 참 많은 20대 중반의 이 젊은이들의 꿈이 여전히 아름답다. 수업을 마치고 카페에서 나오는데 마침 올겨울 첫눈이 펑펑 내리는 것이 아닌가. 소녀같이 얼굴마다 환희의 미소가 가득한데 카페 앞에서 한동안 헤어질 줄 몰랐다.

14

포도 한 알마다 들어있는 사연 - 사범대 농촌체험

'우울해서 포도를 마음껏 먹고 싶은 사람'
'AI와 진검승부를 해 보고 싶은 사람'
'도시에서 미래가 안개와 같은 사람'

다소 도발적인 홍보문구가 통했음인지 사범대 학생을 대상으로 한 농촌체험 프로그램인 '흙을 찾아서, 나를 찾아서, 주치농 프로그램'에 24명이나 참가 신청을 했다. 사실 바쁜 학업으로 이런 유의 활동은 사실 통상 무시당하기 일쑤지만 참가자에게는 포도를 무제한으로 먹을 수 있을 뿐만 아니라 한 상자씩 선물로 가지고 올 수 있노라는 홍보에 마음이 더 끌렸는지도 모르겠다. 교수도 두 명이나 함께 다녀왔는데 사범대 윤현숙 학장과 내가 학생들과 함께 하는 즐거움을 누렸다.

청명한 가을 하늘을 배경으로 펼쳐진 농촌의 황금벌판 모습에 도회지가 대부분의 출신 배경인 학생들은 경기도 화성 인근 송산포도 농장 '흙이 시를 만나면'에서 다양한 활동을 할 수 있었다. 부싯돌로 불을 붙여서 가마솥에 장작을 때서 밥해 먹기도 하고, 인근 서해에서 난 게를 큰 솥 한가득 쪄서 먹기도 하고, 남은 장작불에 고구마를 구어서 먹기도 했다. 농장 주인인 이상배 농부는 생명의 소중함과 먹거리의 가치에 대한 짧은 강의를 하였는데, 학생들에게 '포도 한 알, 한 알에 들어있을 햇빛 한 움큼과 바람 한 자락, 빗물 한 모금'을 느껴 볼 수 있도록 학생들에게 직접 포도를 따 보도록 했다.

책을 통해서, 또 학원 강사나 인터넷 강의를 통해서 알게 되는 정보 위주의 제한된 지식과 달리, 흙을 만지고 열매를 따 보며 체험하는 이 자연현상의 놀라운 섭리를 경험해 보는 것이 장래 청소년 앞에 서게 될 사범대생들에게 얼마나 중요한 것인지… 점수에 연연하며 메마른 정서에 허덕이는 16세, 17세의 청소년들에게 우리 인간의 저 마음 깊숙한 속 안에 하늘을 보고 흙을 만지면서 얻는 그 경외감과 감동을 전해줄 교사가 우리는 필요하다. 청소년들은 자신들의 앞에 서 있는 교사를 볼 때, 겉을 보는 것 같으나 이내 그 마음을 보게 된다. 아무도 이야기하지 않아도 학생들은 금세 이 교사의 내면이 어떤지 금방 눈치챈다. 사범대가 이 체험을 하는 이유이다.

일몰의 붉은 색감이 농장을 감쌀 무렵, 마침 서울에서 그곳에 내려간 셰프 한 분이 계셨기에 그 분이 각종 채소 나물을 맛있게 만들어 주었고, 특별히 찐 게를 알맞게 양념 간을 하여 게장을 만들었는데 학생들은 바람에 게 눈 감추듯 맛난 게장을 폭풍 흡입하니 이를 보는 학장님과 내가 다 뿌듯했다. 거기에 후식으로 5초 간격으로 튀어지는 소박한 뻥튀기도 농촌의 구수함을 더했다. 밤엔 모닥불을 붙여 둥글게 둘러앉아 피어오르는 불을 바라보니 우리의 꿈과 상상은 불꽃 따라 하늘 높이 올라가고, 마음속 간직된 이야기들이 조금씩 얼굴을 비치며 옛 젊은 시절 캠프파이어 하던 때가 생각났다.

　마지막으로 마음껏 딴 포도를 모두 달려들어 으깨어 즙을 만드니 개별적으로 한 병씩 가지고 갈 수 있어, 빈손으로 왔다가 포도 한 상자, 뻥튀기 한 봉지에 한 병의 포도즙까지... 돌아가는 길에 짐이 손에 가득하였다.

　2학년, 3학년은 물론 그리고 이제 임용고사를 얼마 앞두지 않은 4학년도 함께 참여하여 오랜만에 머리를 식히며 자연식 삶을 만끽했다. 교사가 될 우리 학생들의 가슴이 더 넓어지고 깊어졌으리라 여기며, 학생들은 후에 교실에서 만나게 될 아이들에게 할 꿈같은 이야기를 채곡채곡 마음 안에 담았을 것이다.

5장

제자를 통해

흠뻑 빠지는

행복

1

내게 조용히 꽃다발을 건넨 그 손길

　오늘 교육대학원의 학생인 김현숙 교사가 논문을 발표했다. 김 교사는 부천에 있는 중학교 현직 교사이다. 여러 교수 앞에서 그동안 자신이 대학원에서 배운 것을 총 동원해 한 학기 이상 되는 시간을 들여 연구하여 논문으로 쓴 것을 오늘 발표한 것인데 학위취득을 위한 필수과정이다. 나는 지도교수로서 김현숙 교사의 논문발표를 보면서 여러 생각이 들었다. 바로 김 교사는 내가 이화여고 교사 시절에 가르친 학생이기 때문이었다.

　내가 한국외대에서 가르치기 시작한 2003년 3월 첫 주, 교육대학원 수업 첫 시간에 학생으로 수업에 온 김현숙 교사를 정말 예상치 않게 만났다. 그날 첫 수업 시간, 출석을 부르며 평소처럼 학생들 얼굴을 한 명씩 한 명씩 확인해 나가는데, 어느 한 학생의 차례 때 이름을 부르고 난 뒤 얼굴을 들어 확인하는데 어디선가 본 듯한 느낌이 어렴풋이 나서 내가 물었다. 교육대학원 학생들 가운데 현직 교사가 많기에 나는 "혹시 어디 교육청 교원연수 같은 데서 우리 만난 적 있지 않나요? 어디선가 본 것 같은데…"하고 물었다.

이 학생이 손으로 입을 가리고 쿡쿡 웃으며 대답한다. "교수님으로부터 13년 전인 1990년 고교 시절에 배웠습니다" 나는 깜짝 놀랐다. 그리고 다시 얼굴을 찬찬히 보니, 학생 때 모습이 기억나고 점점 이름과 얼굴이 연결이 되었다.

수업이 끝나고 나가는데 이 학생이 나를 따라 나오더니 복도에서 내게 조용히 꽃다발을 건넨다. 수강 신청 때 내 이름이 수업시간표에 있음을 알고, 자신이 이화여고 학생 시절에 유학을 갔었던 그 선생님일 것 같아 미리 준비했다고 하였다. '아...' 하는 탄성이 나왔다. 꽃다발을 준비한 그 마음이 느껴졌다.

반가움에 학교 앞 카페에서 이야기를 이어가기로 하고 가서 이런저런 이야기해보니, 이 제자가 영어 교사가 된 것이 고교 시절 나로부터 영향을 받은 것이라고 한다. 영어 교사인 나를 좋아하다 보니 영어를 좋아하게 되었고 결국 영어 교사가 되었다는 이야기를 들으며 보람이 느껴졌다. 또, 아직도 나의 생일을 기억하고 있다며 내 생년월일을 부끄러운 듯 살짝 웃으며 이야기하는데 내가 깜짝 놀랐다. 청소년 시절에 좋아하는 교사로 인해 그 과목을 좋아하게 되고 잘하게 되었다는 이야기를 들은 바는 있었지만 이렇게 마주하고 보니 전율이 느껴졌다.

오늘 김현숙 교사가 학위 최종 과정인 논문을 발표하는 자리, 김 교사가 성실히 논문을 준비한 것이기에 나는 특별히 걱정을 하지 않았다. 다른 심사위원 교수들도 이 논문에 호평을 해 주니 나도 기뻤고, 말미에 내가 넌지시 지도교수 자격으로서 총평을 이렇게 이야기했다. "고교 때보다 이제 영어 발음도 상당히 좋아져 그동안 공부를 열심히

한 것을 알 수 있었다"라고 칭찬을 했다. 김 교사의 얼굴이 빨개지며 웃었다. 다른 교수들이 그제서야 고교 때 가르친 제자였느냐고 놀라며 환호하였다.

이제 현직 영어교사가 된 옛 여고 제자를 또다시 대학원에서 가르치는 이 기쁨과 그 감개무량함을 어찌 말로 표현할 수 있으랴!

〈2003년 12월 5일〉

2
며칠 후면 새내기 교사가 될 이들

사범대에서 가르치기에 제자들이 졸업하면서 교사로 임용되는 것을 보는 기쁨이 아마도 사범대 교수로서는 가장 보람이 있는 일 가운데 하나일 것이다.

오늘 아침, 이번에 졸업하는 한 남학생과 한 여학생이 연구실로 찾아왔다. 박영규 학생과 윤혜영 학생이다. 이들은 소위 말하는 캠퍼스 커플이다. 그중에서도 같은 학과 커플이다. 학과 선후배 사이인 이들이 이번에 졸업하면서 나란히 중학교와 고등학교로 발령을 받았다. 수업시간에도 늘 진지하고 열심인 이 둘의 모습은 마치 성실한 사범대생의 모형을 보는 것 같았다.

내일 졸업인데 막상 내일은 분주할 것 같다며 오늘 찾아오겠다는 그들을 기쁨으로 맞이했다. 둘이 나란히 들어오는데 마치 결혼 청첩장을 들고 오는 예비 신랑 신부를 맞는 마음 같아 내 마음도 들떴다.

여학생은 벌써 중학교 담임에 배정받아 긴장과 흥분된 마음을 가지고 있었다. 마치 1989년 2월 어느 날, 내가 학교로 옮기면서 3월부터 가르칠 여고의 2학년 담임으로 배정되었다는 소식을 듣고 느끼던 그런 흥분일 것이다. 아이들 눈만 바라보고 가르치던 그때의 그 시절이 아련히 스쳐갔다… 자연스레 나도 그 마음을 이해하여 입이 함박 벌어짐을 느꼈다. 이제 며칠 후면 학생들을 잘 섬길 훌륭한 두 선생님을 맞이하며 즐거이 새내기 교사로서의 그들의 각오를 들었다.

그리고 점심은 이번에 임용시험에 합격하여 발령을 받은 교육대학원 제자들과 함께 했다. 비슷한 흥분의 감정이 드러났다. '교감 선생님이 무섭게 생기셨다', '학교에 가 보니 논이 옆에 있는 시골이다', '한 반에 50명이 있던데 벌써 걱정이다' 등등 다양한 이야기들이 꽃을 피웠다. 이들 중 대부분이 담임을 벌써 배정받았다고 한다. 그중에는 3학년 담임도 맡았단다.

3월 2일 학생들을 만날 생각에 설레는 이들로 인해 오늘 나까지 행복한 하루를 보냈다. 아무쪼록 초심을 잃지 않고 끝까지 학생들을 섬기며 사랑으로 돌보는 교사가 되기를 기원하는 마음이다.

〈2006년 2월 23일〉

3
얼굴도 아직 못 본 신입생에게 보내는 편지

 2000년대 초반에 제주의 대기고등학교가 한 때 전국의 관심을 받은 적이 있었다. 지방의 일반 사립 인문계 고등학교로 그리 특별할 것이 없는 그 학교에 많은 교육전문가들이 관심을 기울이고 교육개발원의 박사급 연구원들이 자주 들락거리며 그 학교를 연구했다. 그 이유는 당시 그 학교가 새로운 학력고사 체제에 맞추어 수업 방법을 달리하니, 전국의 모든 학교와 같이 다인수 학급에서도, 창의성과 문제해결력이 높아지는 일이 있었기 때문이었다.
 한국의 교육상황이 어떤 것인가... 암기 위주의 대학입시 공부, 밤 10시까지 야간자습, 타율성에 갇힌 학생활동 등 한국의 고등학생으로 살아가는 일은 심히도 고달픈 일이다.
 이러한 상황에서 과목에 창의성을 부여하는 방법으로 수업의 분위기에 변혁을 시도한 용감한 교사들이 대기고에 있었던 것이다. 그 중에 대표적인 교사가 지리과의 홍정숙 교사이다. KBS 방송에 소개되기도 했던 그분은 따분하기 쉬운 지리과목을 NIE, 즉 신문을 이용한 토론식 수업 방법으로 학생들에게 흥미와 관심을 불러일으켰다. 학생들의 과제를 일일이 읽어보고 밤늦게까지 교재연구를 한 그 교사는 학생들의 눈동자를 바라보고 그 눈동자가 살아 있도록 하게 한 교사로 소개되고 있다.

그 홍정숙 교사가 이제 고 3이 된 전년도 담임반 학생들에게 일일이 편지를 써 주며 대입 공부를 잘하도록 격려했다는 이야기가 감동이 되었지만, 특별히 어느 해인가 고 1 담임을 맡고는 그 학생들이 입학하기 전인 2월에, 3월이면 자신이 담임하는 반으로 오게 될 신입생들에게 일일이 편지를 써 주었다는 부분은 내게 더 큰 감동을 일으킨 적이 있다. 이 편지로 인해 당시 누구도 배정받기 싫어하는 그 학교에 배정된 당사자 신입생은 물론 그 학부모에까지 아직 만나지 못한 담임선생님으로부터 신뢰를 느끼게 되고 다가올 학교생활에 기대를 품게 되었다는 것이다.

언제부터인가, 내게 그 홍정숙 교사의 미담이 큰 동력이 되어, 2월 영어교육과에 들어오는 신입생들 얼굴도 아직 못 보았으나 그들에게 편지를 쓰고 우리 학과 잡지인 'Teacher Shower'를 우송하기 시작했다. 이제 곧 3월이면 대학 신입생이 될 꿈을 꾸고 있을 그들에게 학과장으로서 따뜻한 환영의 메시지를 보냄과 동시에, 소중히 키운 자녀를 우리 학과에 보내 주어 감사하다는 메시지를 학부모님께도 보내는 것이다. 아울러 학과를 소개하고, 학과의 특징 및 성격을 이야기하며 선배들의 진로 방향을 이야기 해 주고, 또 이 학과에서 4년간 큰 비전을 꿈꾸도록 격려하는 일은 매우 중요한 것으로 느낀다.

그리했더니 때로 답장이 날아들곤 한다. 반갑고 기대가 된다는 내용이다. 반응을 보이는 신입생들의 얼굴을 궁금함으로 생각해 본다.

지난 고교생활 동안 수험생활의 고생을 끝내고 이제 3월에 병아리처럼 캠퍼스에서 걷기 시작할 그들의 모습, 또 호기심 많은 사자 새끼들 같이 함께 뒹굴 그들의 모습을 동시에 머리 속에 그려본다.

다음은 설 연휴 직전에 보내온 어느 신입생의 글이다.

> 안녕하세요^^
> 저는 이번에 입학하는 OOO입니다.^^
> 조금 아까 메일이 온 걸 보고 살짝 놀라기두 했지만 너무 기분이 좋았답니다.
> 메일을 읽으면서 곧 다가올 대학 생활이 너무 기대됐어요.
> 그리고 벌써부터 따뜻한 교수님 마음이 느껴져서 넘 기분도 좋았구요.^^
> 사실 제가 고등학교 1학년때부터 대학이란걸 진지하게 생각해보면서, 외대 영어교육과에 너무너무 가고 싶었거든요. 29일날 결과 확인해보면서, '합격' 이 두 글자를 보고 얼마나 가슴 벅차고 감동했는 지 몰라요.^^
> 아직 부족한 점이 너무나 많지만, 맘 속 가득 해보고자 하는 열정은 자신 있어요^^ 제 좌우명이 '매 순간순간 살아있음을 느끼며 살자'인데, 외대에서라면..^^
> 곧 뵙게 될텐데.. 앞으로 생활하면서 잘 못하거나 부족한 점은 많이 도와주셔요*^^*
> 설 연휴 잘 보내시구요. 내일이 설이네요.^^
> 새해 복 많이 받으시구요! 항상 좋은 일만 생기시길 기도할게요.
>
> OOO 올림

〈2008년 2월 13일〉

4

여고에서 가르친 그 제자들이 중년이 되어 만나다

  20여 년 전인 1990년 당시 여고에서 가르친 옛 제자들 여섯 명을 시내에서 만났다. 이들은 교사 2년 차일때 가르쳤던 학생들이었다.
  이제는 인터넷 시대이니 사람 이름 석 자를 치고 검색하면 그 사람이 어디서 무엇을 하고 있는지 알 수 있는 시대이다. 그렇게 해서 내 연락처를 알게 된 한 제자와 연결이 되었는데 그와 함께 친하게 지내던 다른 다섯명의 친구들을 함께 보기로 했다. 여고 시절, 영어 수업 시간 교실에서, 노천극장에서, 심슨홀 옆 계단에서, 유관순기념관 옆 정원에서 함께 이야기하며 고민하고 미래를 꿈꾸던 학생들로서 모두 기억이 나는 제자들이다. 이들과 함께 기도하고 내가 출석하던 온누리교회 목요찬양집회에도 함께 가기도 하였기에 믿음의 동지로서도 더더욱 생각나는 제자들이다.
  만나기로 한 광화문 음식점으로 나아가는 내 발걸음은 반가움과 설렘의 마음이 뒤섞였다. 얼마나 변했을지, 이제 아이들 엄마가 되어 있는 그들 앞에 무슨 말을 하여야 할까 등등의 생각으로 가득했다.
  제자들은 이제 모두 마흔을 바로 앞둔 나이로서 영락없이 중년에 접어들었건만, 실제 보니 옛 여고 시절 얼굴이 그대로 살아 있음을 본다. 한 명, 한 명 이름을 불러보았다. 세월이 흘렀지만 여전히 수줍어하는 그 얼굴이 옛 기억을 되돌리게 한다. 교무실 문 앞에서 어른어른 했던 모습들, 사진을 함께 찍으며 즐거워했던 모습들, 목요찬양모임에 함께 나아가 예배하던 기억들이 주마등처럼 흘러갔다. 세월은 흘렀지만 신기하게도 모두 그 때의 목소리들을 그대로 가지고 있고 특유의 억양도 동일하니 옛 기억이 선명하다.

이야기하는 가운데 수업 시간에 보였던 내 특유의 제스처 등등을 그대로 기억하며 까르륵 웃는 그들의 모습… 그 때를 생각하는 가운데 연록 같기도 하고 순백이기도 한 그때의 기억들이 옛 정취가 되어 새록새록 피어난다.

인생의 꽃 같았던 17살. 하얀 배꽃과 같은 순수한 마음으로 덕수궁 옆 돌담길인 정동길을 드나들었던 그들… 그들을 만나고 가르치고 기도할 수 있었던 그 귀한 기회를 가졌던 청년교사 그 시절이 얼마나 내게도 행복한 시절이었는지 알 수 없다. 그때 내가 그렇게 스스로 고백했던 한 때가 있었음을 기억한다. '학교에서 이들을 만나고 함께 감정을 공유하며 가르치는 이 여고 교사 시절이 내 인생 가운데 가장 행복한 때일 것'이라는 생각을 막연하게 했었다.

그들의 기도 제목을 하나하나 물어보았다. 가족의 건강을 기원하기도 하고, 또 남편의 새로운 사업이 번성하도록 기도하기도 하고, 또 노처녀인 어떤 제자는 올해 꼭 선하고 멋진 남자를 만나보겠다는 소원을 이야기한다.

부족하지만 스승이라고 불러준 그들이 고맙고, 그런 그들이 있어 뿌듯하다.

〈2009. 01. 27〉

5

끈질긴 제자의 요청에

(1)

얼마 전에 한 문자메시지를 받았다. 대학원 제자였다. 논문지도를 내가 했고 작년에는 해외 발표를 같이했던 제자였다. 메시지의 내용은 바로 주례 부탁이었다. 보는 순간 놀랐다. 40대 중반의 내 나이나 경력이 아직은 주례할 만하다고 생각지 아니하여 그 문자에 대한 답변을 금방 하지 못하였다.

그랬더니 다음 날에도 문자가 날라왔다. 간곡한 요청이었다. 그렇지만 내 마음은 아직 아니라 생각하니 역시 그 문자에 대하여 답을 하지 못하였다. 답을 안 주는 나의 태도를 보고 이제 수그러지겠거니 했다.

그런데 다음 날 또 문자가 날라왔다. 세 번째 문자를 받고 나는 답을 썼다. 축하한다는 말과 함께 주례는 아직은 아닌 것 같다며 완곡히 거절하는 답을 썼다. 이제 더 이상 부탁을 안 하겠지 생각했다.

다음 날, 학교 연구실에 있는데 이번엔 전화가 왔다. 그 학생이었다. 약간은 늦은 나이에 결혼을 하게 되는 그 학생은 학원을 경영하며 가르치고 있는 학생이었다. 이 학생은 예전에 식사를 함께 하는 자리에서 결혼을 속히 하고자 하는 데 잘 안된다며 이야기했던 적이 있었는데 드디어 짝을 만나 결혼에 이르게 되는 것이었다.

결국 그러하겠다고 했다. 이제 공은 내게 넘어왔다.

5월 3일... 토요일...

46세가 되어 처음으로 주례를 하게 된다... 그동안 듣고 또 생각해 왔던 이야기들이 뼈대가 되어 주례사가 될듯싶다. 그리고 내가 결혼 생활을 통하여 느끼는 이야기들을 하려고 한다. 쉽게 보이면서도 어려운 부부의 삶... 어지러운 세상 가운데, 불완전한 우리 인간의 감정 위에 기초하지 말고 믿음 위에 기초한 가정을 이룰 것을 권면하려고 한다.

그날은 조금 나이가 들어 보이게 옷을 입어야 하는데... 좀 걱정이다... 담대함을 달라고... 또 확신 가운데 신혼부부의 뼈를 윤택하게 하는 말씀들이 주례사를 통해 잘 나올 수 있도록 기도한다.

〈2008년 4월 24일〉

(2)

오늘 내 인생 첫 주례를 했다.

시간에 늦을까 봐 지하철을 타고 가서 예식장에 들어서는데 긴장감이 몰려왔다. 심호흡을 하고 주례강단 계단을 올랐다. 주례 컨셉을 축제로 이끄는 것으로 하였다. 젊은이들의 새 출발에 경건과 엄정

함이 있으면서도 결혼이 축제가 되어야 한다는 생각에 다소 생동감이 있는 순서를 넣었다. 결혼 서약 질문도 내 경험에 비추어 직접 만들어 보았고, 주례인 나도 축가할 때 함께 입을 맞추어 부르기도 하고… 성혼선언문 전엔 이 커플의 결혼에 대한 하객의 의견도 공개적으로 물어보는 등, 이 축제의 장에 있는 신랑, 신부, 주례 하객이 함께 모두 동의하며 기뻐하는 순서가 되도록 해 보았다.

한 가지 고백할 것은 내가 했던 주례사의 그 모범적인 삶을 실제로 내가 그렇게 살지 못한다는 것에 이번 주례를 통하여 개인적으로 나의 새로운 분발의 계기가 되었다. 오랜만에 '사랑한다'는 말을 아내에게 그 전날에 했다… 그래야 '사랑하라'는 말을 자주 하라는 내용이 실린 내 주례사에 보다 확신감이 들어갈 것 같아서이다.

이러면서 나도 배우고 나아간다… 행복한 주례를 할 수 있어서 감사하다.

〈2008년 5월 3일〉

6

제자에게 해 준 그 한마디가

얼마 전에 영남대 시절의 제자, 정혜승으로부터 꽃 한 바구니를 받았다. 내가 영남대를 떠난 이후 연락이 끊어져 근황을 몰랐었기에, 꽃을 받고 반가운 마음이었으나 전화번호도 몰라 고맙다고 전화도 못하였었다.

그런데 지난주에 이메일이 그 제자로부터 날아왔다. 알고 보니 스승의 날 라디오 방송에 옛 은사인 내게 감사 편지를 쓴 것이 채택되어 꽃바구니를 보낼 수 있었다고 하였다. 우와, 보람이 느껴지는 편지였다. 현재 경상북도 조그만 도시에서 고등학교 교사로 있는 제자는 본인이 연구수업을 하고 있는 사진과 또 반 아이들의 환한 얼굴의 모습 사진도 함께 보내주었다.

그런데 이 제자가 교사가 된 이유가 내가 했던 말 한마디에 기인했다고 하니 놀랐다. 교사에 별 뜻이 없었던 그에게 내가 '네가 교사가 되면 너와 아이들이 행복해질 거야'라는 말을 했었고 그 말이 마음에서 떠나지 않아 결국 교사 준비를 하게 되었노라는 말이다. 밝게 웃으며 적극적인 이 학생의 모습을 평소 보았던 차에 건네주었던 그 말에 이렇게 영향을 받을 줄은 사실 몰랐었다. 스승이 제자들에게 하는 한마디 한마디의 말이 얼마나 중요한지 새삼 느끼는 순간이었다.

편지 속에서 제자는 교사로서 학생들에게 마치 자식처럼 듬뿍 사랑을 주는 '팔불출' 선생님 모습이 느껴져 흐뭇했다.

이길영 선생님께

선생님 안녕하세요. 정혜승입니다. 너무 오랜만이지요? 5월이 되면 선생님 생각이 많이 나고 언제 한번 찾아 뵈야지 생각하면서도 그러지 못해 늘 마음속에 죄송한 마음이 가득하답니다. 전 경북에서 교직 생활을 시작한 지가 올해로 14년째가 됩니다. 대학 4학년 때 교사에 별 뜻이 없어 임용 준비도 하지 않던 저에게 선생님께서 "네가 교사가 되면 너와 네가 가르칠 아이들이 행복해질 거야"라는 말씀이 저의 마음속에서 떠나지 않았고 그래서 어려운 과정끝에 교단에 서게 되었습니다.

교사가 된 지 14년이 되었지만 매해 아이들과 함께 있는 것이 더 즐거워집니다. 그 때 선생님이 그런 말씀을 저에게 해주시않더라면 전 지금 이 행복을 누리지 못했을 텐데... 아무리 힘든 일이 있어도 교실에서 아이들을 보면 웃음이 나고 힐링이 된답니다. 아직 결혼을 못해 제 아이는 없지만 틈만 나면 우리반 아이들을 자랑하는 팔불출 3-2반 엄마입니다.

스승의 날에 라디오 방송에 선생님께 감사의 메시지를 보냈는데 채택되어 방송에도 나오고 선생님께 꽃바구니도 보낼 수 있게 되었어요. 이미 받으셨는지도 모르겠네요. 꽃바구니로 저의 감사의 마음을 전하기에는 너무 부족하지만 다음에는 두 손 무겁게 해서 선생님 찾아뵐께요^^

　선생님은 요즘 어떻게 지내세요? 여전히 많은 일로 분주하게 지내실 것 같은데... 언젠가 TV에 선생님이 나오셔서 너무 반가웠어요. 늘 건강하시고 많은 예비 교사들에게 꿈을 심어주세요. 선생님의 하신 말씀이 사람의 인생을 바꾸기도 한답니다. 저두 하나님이 제게 주신 아이들 더욱 사랑하고 살께요.

제자 정혜승 올림

〈2013년 5월 29일〉

7

"그때 우리 아프리카에서 만납시다!"

일주일 전쯤, 학교 구내에 있는 우리은행 외대지점에 갔다가 "어머, 선생님!" 하는 소리를 들었다. 보니 1989년에 이화여고에서 가르친 제자 정호석이 그곳에서 일하고 있었다. 그 지점에 상당한 고참으로 책임을 맡아 근무하고 있음을 알았다. 다른 지점에서 근무하다가 외대지점으로 오고 난 이후에, 그렇지 않아도 내가 외대에 있음을 알고 수소문했노라고 했다.

어제 함께 점심을 했다. 여고 2학년 시절 내가 수업 시간에 했던 많은 말들을 기억하고 있었다. 30여 년이 지난 이후인데 기억하고 있는 제자를 통해 내가 했던 말을 실로 오래간만에 되뇌일 수 있었다. 그때 내가 수업시간에 이렇게 이야기 하였단다.

"우리 나중에 열심히 맡겨진 일을 하다가, 인생의 어느 때가 되면 봉사의 삶을 살아야 하겠습니다. 그때 우리 아프리카에서 만납시다."

내겐 한동안 희미해졌던 그 말을 이 제자가 기억하고 있었다. 그러면서 그 말이 자신의 인생에 큰 영향을 주었다고 했다. 어학을 열심히 공부하고자 했고 그리하여 외대에서 베트남어를 전공하였고 학부생 때부터 통역 봉사를 다니고 또 대기업에 출강도 하였으며 언어연수를 통해 그 나라를 거침없이 다니는 등 활발한 대학 생활을 보냈다고 하였다. 지금도 자신의 중학생 자녀에게 엄마가 전공했던 언어 노래와 비디오를 틀어주며 아이에게 노출에 힘쓴다면서 세계에 대한 눈을 뜨게 하고 싶다고 했다. 이제 은행에서 20여 년의 생활, 향후 어느 때가 되면 그 나라로 가서 봉사하며 살고 싶단다.

  더 공부하고 싶었고, 더 타문화권을 알고 싶었고, 또 그들을 돕는 일에 흥미를 느꼈던 그 제자를 보면서 옛 나의 마음을 돌아보게 되었다. 순전했던 청년 교사 시절에 품었던 그 마음은 미국 유학 중에 아프리카 6주 선교를 다녀오게 했었다. 그리고 그 여정은 계속 나를 꿈틀거리게 하는 동력이 되었다. '우리 나중에 아프리카에서 만납시다'고 수업시간에 그 여린 소녀들에게 말을 했던 그때의 나를 30여 년 만에 만난 제자를 통해 오랜만에 만났다.

〈2017년 12월 8일〉

8

학장이 보낸 편지에 한 학생이 보낸 답장:
'인디언들은 말 타고 달리다 이따금 쉽니다'

매 학기 시작할 때와 마칠 때, 사범대학장으로서 학생들에게 서신을 띄운다. 이번 봄 학기를 마치면서도 오늘 서신 하나를 써서 보냈더니 학생으로부터 답장도 왔다. 그것을 읽어보면서 우리 학생들이 참 성숙하고 괜찮은 학생들임을 인식하고 그들의 장래가 깊이와 넓이가 창대하기를 기원하게 되었다.

다음은 내가 사범대 학생들에게 봄 학기를 마감하면서 보낸 서신이다.

사랑하는 사범대 학생 여러분,

이제 봄 학기 기말고사도 끝나고 잠시라도 마음의 여유를 누리고 있을 여러분에게 서신을 전합니다. 지난 한 학기 과목 수강과 퀴즈, 리포트, 중간고사 및 기말고사 그리고 팀플 등등으로 이어지는 끝이 안 보일 것 같은 과제 속에 힘든 한 학기를 보냈으리라 생각합니다. 정말 수고 많았고 애 많이 썼습니다.

아마도 어떤 학생은 학업 이외에 알바를 하지 않으면 안되는 형편 가운데 학기 중에도 새벽시간 까지 일을 했었을 학생도 있었을 것입니다. 그리고 곧이어 가을학기에 납부할 등록금으로 인해 다시 일을 해야만 하는 이들도 있을 수 있습니다. 우리 주변에 이러한 청춘의 모습이 있는 것을 기억합시다. 그리고 특별히 등록금 걱정 없이 오로지 학업만 생각하면서 살고 있는 이들은 주어진 혜택을 감사하면서 주어진 젊음을 낭비하지 않고 최선을 다하여 살아가는 모습이 필요합니다.

이제 방학에 돌입하였습니다. 열심히 노력한 지난 학기의 그 수고의 열매를 맛 볼 것을 기대하면서 마음의 여유를 찾고 방학 중 새로운 계획과 실행에 옮기고 있을 여러분을 격려하고 싶습니다. 졸업 후의 쉽지 않은 취업분위기로 학업 스트레스가 많이 있을 줄 압니다. 열심히 준비하십시오. 그러나 소중한 대학시절의 방학을 그것으로만 채우지 말았으면 좋겠습니다.

지난 월요일, /학년 학생들을 면담하였는데 한 학생이 이런 이야기를 합니다. 방학 중 무엇을 할 것인가 물으니 친구들과 함께 며칠 정도의 일본여행, 그리고 집 인근의 정보도서관에서 책을 하루종일 읽고 싶다는 고백입니다. 그 말을 들으면서 제 마음이 쿵쾅쿵쾅 뜀을 느꼈습니다. 어쩌다 교보문고에 가보면 읽고자 하는 책들은 여기저기 눈에 띄는데 시간이 없음에 눈길을 돌리고 일상의 분주함으로 쉽게 돌아가던 제 모습이 생각나면서 평소에 읽고 싶어하던 책을 방학 중 하루종일 읽고자 하는 젊은 학생의 계획에 감동이 느껴졌습니다. 핸드폰과 SNS으로 순간순간이 바쁜 우리들에게 성찰의 중요성은 아무리 강조해도 지나치지 않습니다. 특별히 청춘의 생명이 그 안에 있는 여러분들은 그 성찰의 영향력은 여러분의 일생동안 큰 울림으로 남아있게 될 것입니다. 방학 중 아무리 바빠도 원하는 수 권의 책을 읽음을 통해 성찰의 시간을 가지며 여러분의 인생을, 여러분의 장래를 음미하는 기회를 가지고 돌아오는 여러분이 되기를 바랍니다.

한 가지 더 있습니다. 국내이던 해외이던 떠나는 기회도 있기를 바랍니다. 저의 대학시절 대부분은 군사정권의 그늘 아래 해외여행은 일반인이 할 수 없던 시절이었습니다. 그리고 해외여행 자유화가 되고 난 다음, 교사 첫 해인 1989년 방학 중에 일본으로 간 배낭여행이 첫 해외여행이었습니다. 부산까지 기차를 타고 부산에서 떠나는 부관 페리호를 타고 시모노세키로 갔습니다. 저녁에 떠나는 배는 밤새도록 달려 다음 날 아침에 도착합니다. 깊은 밤에 3등칸 배 맨 밑바닥에 누워 있는데 문득 이런 생각이 들었습니다. 지금 내가 가는 이 길이 매우 특별한 의미가 있다는 생각이었습니다. 1592년에 도요토미 히데요시의 지령을 받아 가토 기요마사(가등청정)가 왜군을 이끌고 조선을 침략하기 위해 가던 그 현해탄이고, 70-80년전에 수 많은 조선의 젊은이들이 징용으로, 정신대로 끌려가던 길이요, 호남의 곡식들이 일본으로 반출되던 그 길이요, 일제 강점기 수 많은 이야기들이 오고가던 그 길이라는 사실이었습니다. 그리하여 도저히 잠을 청할 수 없어 갑판 위로 나와 깜깜한 현해탄의 바다를 보면서 역사적 현장에 내가 서 있다는 전율과 함께, 당시 안타까운 조국의 현실에 형언할 수 없는 우수에 잠긴 적이 있습니다.

여행은 우리를 성장시킵니다. 국내 올레길도 걷는 것도, 땅끝마을 방문도 좋고 해외여행도 좋습니다. 관광지에서 사진 찍고 특별한 음식을 먹는 것도 여행의 묘미이지만, 역사와 그 가운데 서있는 여러분의 모습을 늘 반추하면서 깊이 있는 시간을 가져보기 바랍니다. 저는 '걷는 것'이 기도와도 같다고 생각하는 사람입니다. 걸

> 으면 기도하게 됩니다. 많이 걸으면서 인내하고, 적절한 배낭의 무게를 느끼며 우리의 인생의 무게를 생각하는 시간을 가져 보기 바랍니다.
>
> 사랑하는 사범대생 여러분,
>
> 우리 건강한 여름을 보내고 9월에 다시 만납시다. 저는 여러분의 성장한 모습을 기대하면서 두 팔을 벌리고 기다리겠습니다.
>
> 감사합니다.
>
> 2016. 6. 22
>
> 사범대 학장 이길영 드림

이에 대하여 답장이 아래와 같이 왔다. 이렇게 반응이 있어 참 기분이 좋다.

독일어교육과 2012학번 이연우라고 밝힌 학생이다.

> 안녕하세요 학장님,
>
> 4년의 대학생활 중 두 학기를 남겨 놓은 시점, 회사 인턴을 위해 갑자기 휴학을 결정하고 벌써 5개월이 지났네요. 일을 배운다는 명분 아래 저 역시 읽고 싶은 책들

은 다이어리에 쌓아두기만 한 시간이었어요. 이제 복사기를 사용하거나 식사 테이블에서 수저를 놓거나 하는 것에는 익숙해진, 어엿한 사회생활 5개월차 막내가 되었습니다. 레벨업을 마친 스스로가 뿌듯하면서도 계속 어떤 헛헛함이 느껴졌어요. 그러다 학장님의 메일을 읽고 알았습니다. 그것은 하루종일 책만 읽고 싶다는 그 /학년 학생의 바람과 같은 것이었나봐요. 그동안 채울 수 없었던 책에 대한 갈증이었어요.

박민규 <죽은 왕녀를 위한 파반느> 중 이런 글이 있습니다. '인디언들은 말을 타고 달리다. 이따금 말에서 내려 자신이 달려온 쪽을 한참 동안 바라보았다고 한다. 말을 쉬게하려는 것도, 자신이 쉬려는 것도 아니었다. 행여 자신의 영혼이 따라오지 못할까봐, 걸음이 느린 영혼을 기다려주는 배려였다'

지난 5개월은 저에게 말을 타고 달리는 시간이었습니다. 실수를 하고, 혼나고, 배우고, 경험하고. 저는 말을 타듯 빠른 속도로 많은 것을 배웠지만, 아직 그것들을 깊이 겪어 보지는 못한 것 같아요. 그래서 저는 이제 영혼이 따라올 시간을 주기로 했습니다. 깊은 숲이나 바닷가에서 은둔하며 내내 책만 보고 싶지만 그렇지 못한다면 그 학생처럼 근처 정보도서관도 좋을 것 같아요. 마침 인턴 기간도 2주 정도 남았네요.

들뜬 마음으로 방학을 준비하는 저희들에게 스펙이나 대외활동의 중요성에 대해 얘기 해주지 않으셔서 감사해요. 그리고 저희의 성장과 성찰을 위해 꼭 필요한 것 두 가지를 주셔서 감사드립니다. 학장님께서도 아름다운 여름 보내시길 바라고, 저 역시 조금 더 성숙해진 모습으로 복학하도록 노력하겠습니다.

감사합니다.
이연우 드림

아, 감탄이 나왔다. 반응 자체도 감사이지만 내 편지를 주의깊게 읽고 가지게 된 그 성찰의 마음에 전율이 느껴졌다.

이 학생의 인디언의 말 이야기가 여운이 깊게 남는다. 인디언들이 말을 타고 달리다, 이따금 말에서 내려 자신이 달려온 쪽을 한참 동안 바라보는 것은 자신의 걸음 느린 영혼을 기다리고 있는 것이라는 이야기이다. 석양에 지나 온 말발굽 먼지가 뽀얗게 인 그 길을 바라보는 구릿빛 얼굴 인디언의 그윽한 모습이 상상되었다. 이제 지난해의 바쁜 인턴 생활 이후 영혼이 따라올 시간을 주기로 했다는 그 학생은 그로 인해 필시 더 멀리 갈 수 있을 것이다.

〈2016년 6월 22일〉

9

아앗! 5년간의 전액 장학금과 생활비 수혜
그리고 학교 오티 때 미국 비행기 표 제공까지

간절히 기다리던 소식, 그것도 기대하던 그 이상의 소식을 마침내 듣게 된 그 제자로 인해 나도 기쁜 날이었다.

두 달 전인 지난 12월 31일, 교육개발원에 다니고 있는 2004학번 김은하 제자로부터 연락을 받은 적이 있었다. 2년 전부터 미국에 박사과정을 알아보고 있던 그 제자는 장학금을 수혜받을 수 있는 학교를 찾고 있었지만 아쉽게도 여의치 않아 그 이듬해 다시 한번 더 기회를 노려 도전하고 있던 차였다. 두 번째 도전의 지원서를 제출하고 기다리던 작년 말, 김은하 제자가 안부 인사차 내게 보낸 이메일에는 박사과정 지원하면서 느꼈던 그 소회의 메시지에 비장함이 담겨있어 인상적이었고, 한편 이 제자의 앞길에 소망이 발현되고 있음을 느끼게 해 주었다. 그 이메일엔 이렇게 써 있었.

"박사과정 지원 준비를 하며 저 자신에 대해 스스로 돌아보았 던 시간, 무엇을 왜 공부하고 싶은지 글로 정리해 볼 수 있었던 시간 자체가 저에게는 참 의미 있었던 과정이었습니다. 퇴근 후에 남은 시간을 쪼개어 사용해야 했던 현실 속에서 사람이 무언가 간절히 원하는 바가 있으면 물리적으로 주어진 시간이 아무리 부족해 보여도 시도조차 해보지 못할 일은 없다는 것 또한 배울 수 있었습니다."

당시 나는 이 제자의 글을 읽고는 마치 프랑스 시인 폴 발레리의 시에서 '바람이 분다, 살아야겠다. 바람이 불지 않는다, 그래도 살아야겠다'라고 했던 그 비장함을 느꼈었다.

그런데 그 제자로부터 지난주 연락이 왔다. 깜짝 놀랄 소식이었다. 미시간주립대(Michigan State University)에 합격했다는 소식으로 시작했는데 읽어 내려갈수록 점점 놀라움이 가득해졌다.

교수님..

저 Michigan State University 합격했어요!

무엇보다, 5년 동안 학비 전액 지원받고, 생활비도 받을 수 있는 조건이라 얼마나 감사한지 몰라요. 교수님의 응원과 아낌없는 도움, 그리고 기도가 없었다면 합격의 꿈은 결코 이룰 수 없었을 거에요.

교수님, 정말 감사합니다!

학과에서 비행기 티켓 비용을 지원해 주는 덕분에 2월 중에 잠깐 학교를 방문할 수 있게 되었어요. 학교에 직접 가서 학과에 대한 전반적인 설명도 자세히 듣고, 캠

> 퍼스도 미리 둘러볼 수 있는 기회가 주어져서 이 또한 얼마나 감사한지 몰라요.
>
> 교수님, 봄 즈음에 꼭 교수님 한 번 찾아 뵐게요.
> 박사 공부하며 유념해야 할 것들, 유학 생활하며 마음에 새기고 있어야 할 것들에 대해 떠나기 전에 교수님 말씀 꼭 듣고 싶어요.

내가 너무 놀라서 '아앗~~' 읽다 말고 소리를 질렀다. 5년간 전액 장학금과 생활비까지 그리고 학교 오티 때 미국 왕복 항공권 제공이 포함된 놀라운 조건도 그것이지만, 참 성실하게 자신의 꿈을 이루기 위해 도전했던 그 열정과 비장함을 알고 있었는데 그것이 실제 이루어져 가는 모습을 볼 수 있었기 때문이었다. 추천서를 써 준 교수 입장에서 이 이상의 보람이 있을까 싶었다.

간절히 바라고 기도하며 정진하고 있는 가운데 이 기적 소식을 접하며 기뻐했을 제자의 모습이 떠올랐다. 우리의 인생은 마라톤에 곧잘 비유된다. 아무리 바쁘고 또 자신이 부족해 보여도 마라톤 같은 우리 인생의 노정에서 우리가 '시도조차 해보지 못 할 수는 없다'는 그의 말에 깊이 공감한다.

몇 년 전, 나이 50이 넘어 LA에서 풀코스 마라톤을 처음 시도했던 그때, 30km가 넘어가니 발목이 끊어질 것 같은 고통이 엄습했었다. 얼굴도 일그러졌다. 다행히 이를 악물었고, 멈추거나 주저앉지 않고 발걸음을 꾸준히 떼어 놓았던 그때가 기억난다. 마침내 결승선을 지나고 고통의 끝에서 바라본 42.195km는 꿈만 같았고 그 때의 경험은 내 인생에 중요한 영감을 주고 있다.

끊임없이 시도하며 나아가는 그 제자가 앞으로 5년 후, 10년 후의 어떻게 성장해 갈지 기대가 된다. 훌륭한 연구자가 되어 자신의 분야에서 최선을 다할 그의 모습을 그려본다.

〈2019년 2월 25일〉

*
후기

김은하 제자와 최근에 이메일을 주고 받았는데, 2019년 미시간 주립대학 교육학과에서 박사과정을 시작한 이후 하루하루 날마다 새로운 적응과 도전의 연속이었다면서, 미국에 온 뒤로 6년 동안 한 번도 한국에 다녀가 보지 못했을 정도로 학업과 연구프로젝트에 매어 살았다고 했다. 현재 학위논문 막바지 작업 중이며 이제 수개월 후면 박사논문 발표를 할 수 있으리라 예상한다는 소식을 전해왔다. 6년 전, 그의 미 대학원 진학과정을 알고 있는 내게 이 소식은 유학 중 그의 불굴의 끈기와 노력이 어떠한지 가늠할 수 있게 했다. 그가 반드시 결실을 맺고 훌륭한 연구자가 될 것이라 믿는다.

10

신입생들과 함께 산 정상에

1학년 신입생들과 함께 등산을 했다.

지난 3월 첫 주, 2022학번 올해 신입생들이 모인 '신입생 세미나' 첫 시간이 코로나로 인해 여전히 ZOOM으로 진행되었다. 이렇게 신입생을 ZOOM으로 만나는 것이 2020년 이래로 2021년 그리고 2022년 이제 세 번째이다.

이번에 신입생으로 들어 온 이 학생들은 고 2때부터 마스크를 쓰고 생활한 학생들로, 이제 대학 신입생의 생활도 이렇게 해야 하는 어려움이 예상되는 학생들이다. 신입생 환영회가 있어야 하고, 선배들과의 만남도 가져야 하고, 또 MT를 계획하여 대성리도 가야 하는 이들이건만 코로나로 인해 컴퓨터 스크린의 조그만 네모 칸 안에 이들의 대학 생활이 위축되어 소극적이라고 느꼈고 이들의 젊음이 사장되고 있는 것만 같았다.

사실 신입생들과의 만남은 이날 처음이었건만 무작정 이럴 수만은 없다고 생각해 이런 무기력한 분위기를 쇄신하고자 나는 신입생들에게 가까운 불암산이라도 함께 가자고 제안했다. 밥도 사주겠다고 했다. 신입생 7명이 손을 들었다. 한번 대면도 해보지 못한 교수와의 산행이 어색할 수 있었을 터인데 번쩍 손을 든 신입생 이들이 대견하게 느껴졌다.

오늘 아침 9시에 불암사 인근에서 이들을 만났다. '신입생 세미나' 첫 주 수업인 그날 30여 명이 모인 컴퓨터 모니터를 통해 한 차례 본 것이 전부였기에, 약속 장소로 가기 전 마트에 들려 이들이 먹을 초콜렛과 주스를 사서 배낭에 넣으면서, 만나면 무슨 말로 시작해야 하나 살짝 고민했다.

박연재, 조은영, 공시은, 성민기, 채동우, 정진형 모두 여섯 명이 나왔다. 만나고 보니 인천에서 그리고 수원과 용인에서 왔다. 그 먼 곳에서 이곳 서울 동쪽 외곽까지 오려고 새벽 6시 30분에 전철을 타고 왔단다. 불암산이 어딘지도 모르고 손을 들었고, 이렇게 아침 일찍 나온 학생들이 기특했다.

불암사를 경유하여 정상까지 다녀왔다. 신록으로 가득한 산을 딛고 암벽을 타고 다녀왔다. 더 이상 오를 곳이 없는 불암산 정상에서 멀리 있는 북한산과 도봉산 그리고 수락산을 바라보았다. 2003년생이니 이제 만 20이 된 대학 1학년 시절, 정상에서 심호흡을 크게 하고 정상에 선 이 경험을 이들이 잊지 않기를 기대한다.

산행을 마치고 허기진 배에 영양돌솥밥으로 채우니, 오늘 처음 본 신입생들이지만 오래 알고 지내는 학생들 같기만 하다.

11

홍콩교대 교수가 된 제자

영남대에 있을 때 전혀 모르는 선교사 한 분이 내게 만나자며 연락을 주었다. 권오문 선교사라고 소개하면서 당시 몽골에 선교적 마인드를 가지고 대학을 세우려고 추진 중이라고 하였다. 권 선교사가 후원 홍보차 보스턴에 방문하였을 때 하버드대의 한 연구원이 내 연락처를 건네주면서 한국에 가면 연락해 보라고 하였단다. 그 하버드대 연구원은 유학 시절 함께 같은 교회에서 신앙생활을 했던 참 신실한 형제였다. 권오문 선교사는 후에 몽골국제대학 (MIU)의 총장이 되었고 그 대학이 몽골 땅을 변화시키는 중요한 통로 역할을 감당하는데 오랫동안 진력하고 있다.

그때의 인연을 토대로 현재 내가 가르치는 대학원 TESOL학과 학생들이 방학 중 3주간 몽골에서 강의를 한 적이 있다. TOEFL을 보려는 몽골 대학생들은 많은데 가르칠 사람이 마땅치 않으니 가르칠 사람들을 보내달라는 권오문 총장의 요청을 접하고 방학이나마 자원하는 대학원 학생들이 그곳에 머물면서 일반영어와 토플을 가르칠수 있도록 도움을 주었다.

수년간 학생들을 몽골에 보낸 바 있는데 몽골대학에서의 티칭 기회를 수업시간 중에 말하면 반응을 보이는 학생들이 있다. 몽골국제대 이용규 부총장이 쓴 '내려놓음'이란 책을 통해 익히 그 학교에 대하여 알고 있는 학생도 있는바 마음이 열려있는 학생들도 있다. 방학 중 학원 강사로, 또 고액 과외로 돈을 벌 수 있는 기회를 마다하고 그곳에 가겠다는 학생들이다.

　이번 겨울에 다녀온 이주성 대학원 학생은 몽골에서의 티칭을 이야기했을 때 제일 먼저 손을 든 대학원 학생이었다. 그가 그곳에서 가르친 소감을 보내왔는데 한 청년의 벅찬 마음을 느낄 수 있어 여기에 옮겨 본다.

　새벽 4시에 거울 앞에서 혼자 수업 리허설을 할 때는 가슴이 터질 것 같았다는 이 학생의 글이 참 신선하게 느껴져 흥미있게 읽었다.

　"2017년까지 청소년들에게 꿈과 비전을 주는 'Uncle John 학교'를 세계에 세우겠습니다!" 2007년 대학원 오리엔테이션 때 했던 말이다. Uncle John은 나다. 나의 별명이자 브랜드네임이다. 학창시절, 별로 관심과 사랑을 받지 못했다. 공부에 흥미도 없었고, 항상 소외되었다. 대학. 원하는 '영어교육' 공부하고, 여러 나라에 다녔지만 늘 혼자였다. 군 입대. 공동경비구역 JSA 통역병. 그럴듯한 보직. 허나 25살의 이등병, 그리고 혼자에 익숙했던 내게 단체생활은 하루가 1년 같은 광야 생활이었다.

　말년에 '목적이 이끄는 삶' 책을 읽고 울었다. 사명(Calling) 스토리에서 큰 감동을 받았다. 내 욕망이 아니라 하나님의 필요를 채우는 일. 찾고 싶다. 내가 잘하는 일, 재미있어야 하고, 올바르고... 또.. 나의 아픔. 나는 스피치와 작문을 잘 한다. 또 재미있어 한다. 교직은 사람 살리는 직업이고, 청소년 시기는 내게 커다란 아픔이요 상처다. 누군가 그 때 나에게 관심을 주고 나의 역할 모델이 되어주었다면... 그래서 전역을 2달 앞두고 'Uncle John 학교'라는 비전을 임신했고, 출산일은 앞으로 9년 후.

(중략)

Proverbs 19:21 'Many are the plans in a man's heart, but it is the LORD's purpose that prevails.' (사람의 마음에는 많은 계획이 있어도 오직 여호와의 뜻만이 완전히 서리라. 잠언 19:21)

내 계획이 훌륭해도, 결국 하나님의 목적이 승리한다. 그래서 목적과 사명을 위해 사는 인생은 파워가 있다. 세상을 주도한다. 강력한 리더가 된다. 내 생각, 감각 말고, 위대한 분의 목적. 그걸 찾기 위해 20대에 16개 국가를 찾았다. 배낭여행, 자원봉사, 교사, 카운슬러, 교환 학생, 국제 회의, 인턴쉽... 치열한 기도, 연구, 실험, 행동을 통해 Uncle John이 태어났는데.... 다시 확인하고 싶다. 학생 앞에 서는 게 내 달란트(talent)인지? 진짜 평생하고 싶은지?

그 때 이길영 교수님께서 겨울 인턴쉽 이야기를 꺼내셨다. 그 다음날 바로 지원했다. 2007년 겨울, 몽골 국제 대학 (Mongolia International University)에서 계절학기 토플 강의. 고액(?)과외, 종합시험, 논문 준비, 임용고사 준비, 부모님과 친구들의 염려와 현실 문제들을 몽땅 뒤로 하고 나는 비행기에 몸을 실었다.

(중략)

오전 3시간 수업, 오후 세미나 90분, 집에서 수업 평가, 에세이 채점, 파워포인트 제작, 다음 날 수업 준비, 리허설. 10시간 강의 준비. 몸이 녹초가 되어야 하는데 3주 동안 싱싱하다. 피곤하지도 않다. 나는 오히려 너무 재미있었다. 새벽 4시 기도

> 를 마치고, 거울 앞에서 혼자 리허설을 할 때는 가슴이 터질 것 같았다. 빨리 학교 가고 싶어서. 학생들 보고 싶어서. 명확해졌다. 교직이 나의 달란트이다. 그리고 죽을 때까지 하고 싶다. 하지만 찬찬히 그 뿌리를 연구해보면 '사랑'이었다. 학생들을 너무 사랑했다. 창의력의 원천은 테크닉이 아닌 '사랑'이었다. 들리는 수업, 재미있는 수업, 참여하는 수업, 신선한 수업, 성취감을 느끼는 수업. 그래서 수업에 대한 설문조사를 2번 하고, 쉬는 시간에 학생들을 찾아가 대화하고, 함께 식사하고, 새벽마다 학생들의 이름을 불러가며 기도했다. 그 뿌리를 찾고 찾다 보니까, 그게 '사랑'이다. 사랑하면 학생 위주 수업이 되고, 강의도 막 잡은 횟감처럼 신선하고, 학생들이 듣게 된다. 최고의 수업을 원하는가? '암호(password)'는 'LOVE' 바로 '사랑'이다.
>
> (후략)

평소 새벽 3시에 일어난다는 이 학생의 말을 예전에 들은 바 있었기에 범상치 않은 이야기가 있을 것 같아 소감문을 꼭 써 보내라고 했더니 이와 같이 보낸 것이다. 자신의 독백형식의 긴 글이었는데 읽어보니 3주간의 몽골 생활이 그의 인생에 큰 감동과 비전을 확인하는 시기였음을 느끼게 되었다. 특별히 열정적인 청년 시절, 혹한의 몽골 울란바토르에서 그가 티칭을 통해 최고의 수업은 바로 '사랑'이 그 근원임을 발견한 것이 대단하다. 그런 지혜를 가진 젊은 청년이 가졌을 하나님과의 인격적인 만남과 동행이 부럽고 대견했다.

이주성 대학원생을 논문 지도했던 내가 기억하는 그의 모습은 성실함이었고 배우고자 하는 열망이 진하게 있던 학생이었다. 외국어교육연구소 소장을 하면서 그를 조교로 일하게 했을 뿐 아니라 '전국영어교사수업경연대회'를 개최할 때와, 심지어는 '아버지학교'를 개설할 때도 그는 조교로서 함께 했는데 그는 어떤 상황에서도 늘 성실하게 도왔다

이주성 대학원 학생은 석사를 마친 후, 내가 한 사립중학교의 영어 교사로 추천하여 3년간 영어 교사로 가르치기도 했다. 그러다가 미국 일리노이대 박사과정으로 유학을 떠났다. 그리고 이미 대학원 박사과정 시절 뛰어난 학문적 업적을 보여주더니 졸업과 동시에 홍콩교대에 전임교수로 임용되어 현재 엄청난 학문적 능력을 보여주며 일을 하고 있다.

얼마 전에는 이주성 교수의 탁월한 논문업적이 아시아에서 상위권임을 보여주는 자료를 내게 보내 주면서, 내가 자신의 '학문적 아버지'이며 나로부터 인생이 바뀌게 되어 늘 고맙다는 말을 잊지 않고 있으니 참 과분한 찬사이다. 일본인 아내와 함께 아름답게 살아가는 그의 가정에 세 번째 아이가 태어났을 때는 아기 사진도 보내 주기도 하는 등 언제나 본인의 상황을 이야기해 주고 나의 안부도 묻고 하니, 난 참 행복한 선생이라 여긴다.

2025년 이번 여름엔 그가 가르치고 있는 홍콩교대에서 세계적인 학술단체인 AsiaTEFL의 학술대회가 열리게 되는데 바로 학술대회장으로서 수고하게 된다. 아시아 각국에서 1,000명 이상의 학자들이 모이는 세계적인 큰 규모의 학술대회를 운용하게 될 제자의 모습이 자랑스럽다. 이번에 대학원생들을 데리고 함께 다녀오기로 했고 그곳에

서 이들의 선배인 이주성 교수를 만나 인사도 시켜 줄 생각이다. 이들은 함께 식사하면서 이주성 교수가 몽골에서 티칭 리허설할 때 가슴이 터지는 그 경험을 듣게 될 것이고 이들의 가슴도 더불어 넓어지는 경험을 하게 될 것으로 생각한다.

12

임용고시 최종 합격 발표일에

어제 중등교원 임용고시 최종 합격발표가 있었다. 어제 몇 명이 기쁜 연락을 주더니 오늘도 감격의 소식을 받았다.

(1)

어제 발표가 나자마자 14학번 이은지 학생이 기쁜 소식을 전했다. 수업 때 눈을 동그랗게 뜨고 열심히 듣던 학생이다. 이 학생은 보니 고교생 때 입학설명회에서 나를 보았고 그곳에서 내 이야기를 듣고 우리 영어교육과에 입학하였다고 하니 더 기쁜 마음이 들었다.

> 교수님 안녕하세요?
>
> 오랜만에 좋은 소식 전해드리고 싶어서 연락드려요. 저 이번에 경기도 공립 임용고시 최종 합격하였습니다.
>
> 고등학생 때 교사의 꿈을 가지고 갔던 영어교육과 입학설명회 때 교수님을 처음

> 뵈었던 게 생각나요. 학생들을 생각하는 교수님의 따뜻한 마음에 외대에 진학하고 싶었고 오늘 제가 합격했다는 걸 보니 교수님께 알려드리고 싶어서 연락드립니다.
>
> 저의 교사의 꿈을 응원해주시고 교사로서의 마음가짐을 가르쳐주신 교수님의 말씀들을 기억하면서 좋은 교사가 되도록 노력하겠습니다..!

바로 축하한다고 답변을 주었다. 고교 시절 그 학생이 꿈을 꾸던 그 현장에 그리고 그 꿈이 실현된 이 현장에 내가 있음이 감사했다.

(2)

지난해, 16학번 최민주 학생이 1차에서 합격하고 2차에서 0.5점 차이로 불합격된 적이 있었다. 열심히 공부한 학생이었음을 알고 있었기에 마음이 아팠다. 1년을 더 공부하여 '내년 이맘때쯤에 꼭 합격 소식을 들려드리겠다'고 연락을 주었던 학생이다. 그런데 어제가 발표일인데 아무 소식이 없어 마음 한 켠이 시렸다. 먼저 연락을 해 보기는 아무래도 어려워 그저 기다렸다.

그런데 오늘 연락이 왔다.
"교수님, 저 이번에 충남지역에서 최종 합격 했습니다! 1년 전에 큰 위안과 힘을 주셔서 감사했습니다."

내가 "우와, 넘넘 축하해"하며 답을 썼다. 그간 얼마나 마음고생이 심했을까 하는 생각이 들었다. "민주를 통해 학생이 자라갈 생각을 하니 기쁘고 기대된다"고 쓰면서 "밥 같이 먹자"고 학교로 오라고 덧붙였다.

젊은 날, 이들이 뜻한 바 이룰 수 있어 감사하고, 보람도 있다. 모두 이 시대 좋은 교사로 성장해 나가기를….

13
―

둘이 잘 살고 있다는 소식에 기쁘다

　초청을 받아 강연을 하는 일도 참 송구하면서도 감사한 일이지만, 주례를 부탁받아 감당하는 일은 더더욱 조심스럽기에, 그 주례 전날엔 스스로 내적 순결함과 엄숙함을 얻으려고 조심, 조심스럽기만 하다.
　처음 주례를 부탁한 이가 대학원 제자였는데 벌써 15년도 넘었다. 아직은 아니라고 몇 번이고 고사하였으나 몇 번이고 찾아와 부탁하니 승낙을 하고 말았었다. 그 이후 이런저런 인연으로 주례를 하는 가운데 지난 학기엔 네 번을 하게 되었다.
　그중 제자인 98학번 이상민이 얼마전 스승의 날에 선물을 보냈는데 결혼식 때 주례였던 나와 함께 찍은 기념사진도 동봉하였다. 한참 늦장가를 가는 제자인데다가, 늦게 간 보람이 있었던지 신부 또한 지혜 있고 현숙한 여인을 만나 인연을 맺으니, 마치 내가 며느리를 보는 듯 설레고 마냥 기뻤던 기억이 난다. 고등학교에서 또 대학에서 각각 가르치는 교육자 커플인데, 둘 다 천성이 선하고 어진 이들이다. 잘살고 있다는 이야기 들으니 주례한 이의 기쁨이 이런 것인가 싶다.

따지고 보면 주례를 할 만한 내면적 성숙함이 전혀 없는 나이기에, 기도할 수 밖에 없음이 솔직한 심경이다. 눈에 보이는 것에 집중해 있는 이 세대, 결혼을 통해 적은 비용으로 가장 높은 투자가치를 얻으려는 이 세대에 청년들의 결혼은 그래도 순결해야 하며, 감정의 기쁨도 있지만 서로 상대방에게 집중해 배우자의 필요를 채워주는 책임이 두 사람에게 드리워진 엄중한 의식임을 강조해 왔다.

잘 인내하며 행복한 가정을 이끌고 있다는 소식을 들려준 이상민 제자의 가정 소식에 그저 고맙기만 하다,

14

비원어민 제자의 기적 같은 교수임용

석사 및 박사를 지도했던 학생 한 명이 드디어 서울 소재 4년제 대학에 영어를 가르치는 교수로 임용이 되었다. 오늘 진주 출장 중에 들었는데 참으로 기쁜 소식이었다.

중앙아시아 출신 미어백은 실력은 누구보다 우수한 학생이지만 몇 번의 임용 지원에서 영 맥을 못 추었다. 그 이유는 영어 비원어민인이라는 것으로 짐작할 수 있는데, 원어민 영어 교사를 우대하는 국내의 극심한 차별적 분위기로 인해 제대로 검증의 기회를 갖지 못함이 늘 아쉽게 느껴졌던 학생이다.

이번에 미어백을 임용한 그 대학은 다른 것 보지 않고 비원어민이지만 실력과 가능성을 믿고 영어를 가르치는 외국인 교수로 받아주었다. 그 대학의 쉽지 않은 그 결정은 정말 귀감이 되는 훌륭한 결정인 것이 영어를 어느 특정 나라의 모국어로 이해한 것이 아니라 영어를 EIL (English as an International Language), 즉 세계어로 이해하였기에 가능한 것이었다. 원어민 교사만이 참 영어 교사라는 도그마가 여전히 횡행한 가운데, 비원어민이라는 이유로 능력있는 영어교사 자원이 차별당하는 현실에 반기를 둔 서울과기대의 영어 교양과정 교수채용 심사위원인 외국인 교수들을 칭찬하고 싶다.

내가 미어백에게 임용을 기뻐하며 한번 학교에 찾아가겠다고 했다. 꽃 한바구니를 들고 갈까 하다가 어린아이들이 있는 그의 가족 생각이 나서 축하 케익을 들고 찾아갔다. 가을이 곱게 물든 캠퍼스에서 사진도 함께 찍었고 또 그의 연구실도 가 보았다. 그리고 그의 책상 위 컴퓨터에 손을 대 찬찬히 쓸어보기도 했다. 25여 년 전 내가 교수가 되어 처음 연구실을 배정 받았을 때의 그 흥분이 새삼 느껴졌다.

외국에서 와서 어려움을 뚫고 한국에서 박사를 마친 후, 서울의 대학에 임용이 된 미어백, 그는 임용 후 첫 수업 일, 흥분이 되어 새벽 4시반에 잠을 깨, 5시에 캠퍼스에 도착하여 거닐어 보았다고 하니 그의 흥분과 감격이 얼마나 컸을지 상상이 쉽지 않다.

15

벚꽃이 흐드러진 이 화창한 봄날에 무슨 수업?

어제 금요일 2학년 수업이 있었다. 벚꽃이 흐드러진 화창한 봄날의 금요일에 이렇게 강의실에서 수업하는 것만이 최선일까 하는 불순한(?) 생각이 들어왔다.

예전에 이화여고에서 이렇게 꽃이 한창 핀 시절이면 학생들이 점심시간에 스스럼없이 교무실로 와서는 사진을 찍자며 선생님들의 손을 끌고 나가곤 했었다. 아름다운 정동의 이화여고 교정 잔디 위에서, 혹은 노천극장에서 학생들과 함께 함박웃음을 지으며 찍었던 그때의 순간은 아름다운 추억으로 남아 있다. 또 수업 중에는 야외수업하자는 이야기를 학생들이 했고 이는 메아리가 되어 울리기도 했다.

그때 35년 전의 일들이 봄의 황홀한 색 배경과 함께 생각났다.

그리하여, 3시간 강의 중 2시간을 마치고 난 다음에 학생들에게 이야기했다. 나머지 한 시간은 야외에서 벚꽃 아래에서 사진을 찍겠다고 하니 학생들이 순간 당황한 모습에 이어 곧 배시시 웃으며 술렁거렸다. 내가 이어 학교 내 커피숍에서 커피도 사겠다고 하니 환호성과 함께 활짝 웃는다. 학생들에게 공부만 가르치는 훈장에서 이런 찬

연한 봄날의 도움을 받아 조금은 다른 접근을 하고 싶었던 내 마음의 표현이었다.

  활짝 핀 벚꽃 아래 이제 대부분 20세인 이들의 파안의 모습이 정겹고 사랑스러웠다. 사범대생인 이들이 후에 교단에 서게 되면 이날을 기억할 수 있기를.. 그리고 그들의 학생들과 함께 꽃피는 교정에서 함께 활짝 웃는 사진을 찍는 여유가 있기를...

*
후기

  화사한 벚꽃 아래에서 찍었던 이 사진들은 영어교육과 교육매거진인 'Teacher Shower' 20주년 특집호에 그대로 실렸다. 대부분이 2023학번 학생들인데, 이들의 밝게 함박웃음 짓는 20대 초반의 깨끗한 얼굴이 벚꽃과 함께 어우러져 사진을 보면 보면 볼수록 입가에 웃음이 지어진다.

16

긴 명절 연휴에 외국인 유학생들을 초대하여

(1)

2년 전, 긴 추석 연휴 때 중국인 유학생 세 명을 우리 동네에 초대했던 적이 있었다. 수업에서 그들에게 연휴 중 무슨 계획이 있느냐고 물었는데 그냥 집에 있을 것이라는 이야기를 듣고는 30여 년 전의 미국 유학 시절 때의 나의 모습이 생각이 났기 때문이었다. 그때 그 대학원 유학생 세 명을 불러 함께 식사를 하고 동네 카페거리와 주변 공원을 산책했다. 닭갈비와 곤드레밥 정식 중 어느 것을 먹겠는가 물어보았는데 닭갈비를 택했음을 기억한다. 이를 먹어 본 적이 있다고 하면서 한국 음식이 맛있다며 기대감을 드러냈었다.

그때 명절 기간임에도 그들은 중국 명절 음식인 월병도 못 먹었다고 했는데, 고독한 유학 생활의 일면이 느껴졌다. 유학 생활 중 가장 어려운 점이 무엇인가 물으니 여러 가지를 말했지만 '커넥션의 한계'를 이야기했다. '소외된 느낌' 바로 그것이다. 외국에서 주변인으로서 느끼는 소외는 어쩌면 이방인으로서 숙명과도 같은 것일 것이다. 언어 문제로 인한 소통의 불편함, 문화 차이에서 오는 긴장감, 그런 가운데 학위를 받아야 하는 어려움이 섞여 있는 이들이다. 20대인 이들의 유학 도전이 참으로 대단한 것임을, 한국어로 대학원 수업을 듣고 있는 이들이 정말 놀라운 것임을, 지금은 어려우나 이런 경험이 인생에 큰 자산이 될 것임을, 나도 그런 경험을 젊었을 때 했었음을 주지시키며 격려했던 적이 있다.

(2)

올해는 외국인 유학생 두 가정을 설날 연휴에 집으로 초대했다. 이들은 모두 **GKS** (Global Korea Scholarship), 즉 한국 정부에서 제공하는 장학금을 받고 한국에 온 대학원생들인데, 이 두 가정 모두 함께 기뻐할 일이 있어 같이 식사를 나누며 축하해 주고 싶었다.

한 명은 이 학생이 석사와 박사 과정이었을 때 지도했던 학생으로서 어려운 공부의 과정을 거쳐 2년 전에 박사학위를 받고 졸업하였으니 엄격히 말하면 현재 유학생은 아니다. 졸업 후 대학에 임용되기를 간절히 원하여 여기저기 지원하였는데, 쓴 잔을 계속 마시다가 작년에 감사하게도 서울 소재 4년제 대학에 기적같이 전임교수로 임용된 키르기스스탄 출신의 엄연히 현직 교수이다. 임용 후 이제 첫 학기를 지났는데 학생들의 평가에서 '열정'이 느껴지는 교수라는 평가를 받았다니 참 감사했다.

또 다른 한 명은 아프가니스탄에서 온 박사과정 학생으로 석 달 전에 자기 나라에 돌아가서 결혼을 하고 온 학생이다. 탈레반의 통치로 정권이 넘어간 가운데 다녀왔기에, 다시 한국으로 올 수 있으려나 걱정을 했었는데 드디어 예쁜 신부와 함께 나타나 얼마나 감사했던지… 지금 임신 중이라는 기쁜 소식도 전해 주었다.

신부는 히잡을 쓰고 중동지방의 전통 복장을 한 채로 우리 집에 왔다. 한국에 온 지도 얼마 안 된 상태인데다가 남편의 학과 교수님 가정 방문이라는 타문화 경험에 대하여 긴장하는 모습이 조금 보였다. 아내가 설날 떡국을 준비했는데 무슬림인 신부를 배려하여 돼지고기가 아닌 소고기를 넣는 신경을 썼음에도, 신부가 미처 할랄 인증이 안 된 상태임을 알고는 먹기를 주저주저한다. 할 수 없이 떡국 대신 토스트로 식사를 할 수밖에 없어 안타까웠지만 이렇게 서로 알아가는 것이고 또 이렇게 함께 할 수 있음이 감사이다.

설날 축하 케이크를 함께 잘랐고 전통놀이인 윷놀이도 함께 하는 시간도 가졌다. 낯선 땅, 낯선 문화에서 외롭고 어쩌면 서럽기도 할 이방인 두 커플의 모습을 통해 역시 30여 년 전 결혼 후 바로 미국에서 신혼생활을 했었을 때가 생각이 났다.

오늘 인터넷 쇼핑몰에 가 보니 다행히 할랄 인증이 된 떡국 재료가 있다. 미처 떡국을 먹지 못한 아프가니스탄 그 가정으로 지금 막 2인분 떡국을 보내 맛 보도록 했다.

17

두 딸과 함께 나타난 제자

오늘 연구실에서 어떤 손님과 이야기를 마치고 배웅을 하려고 문을 열었는데, 밖에 누가 기다리고 있었다. 보니 2005학번 남수호 제자인데 옆에 어린 두 딸과 함께 서 있는 것이 아닌가. 대전에서 고등학교 교사로 있는 이 제자의 예고 없는 방문에 놀랐고 무슨 일인가 했다.

알고 보니, 오늘 근로자의 날을 필두로 시작된 긴 연휴를 맞아 서울로 가족여행을 왔다고 하였다. 이 제자와 부인은 함께 수업을 받았던 학과 커플이었다. 그렇기에 외대는 그 부부에게 있어 더더욱 역사적인 공간일 것이고, 아빠는 아이들에게 아빠와 엄마가 다녔던 학교를 구경시켜 주려고 온 것이었다. 온 김에 제자는 내가 혹시 연구실에 있는가 싶어 들렀다고 하였다. 엄마는 저녁때 합류할 것이라고 한다.

예쁘고 귀여운 꼬마 아가씨 둘이 내 연구실에 들어오니 활기가 가득하다. 직전 손님이 두고 간 작은 초콜릿을 내어놓았다. 아빠, 엄마를 닮아 착하고 예쁘게 행동함이 느껴진다. 성실한 학생 둘이 만나 결혼하여 부부 교사가 되었고, 그 사이에 낳은 자녀들이 이렇게 나타나니 신기하다. 마치 예쁜 손녀를 보는 듯 가슴이 벅차고 흐뭇한데, 장

난감 가게에 가서 선물을 사주고 싶은 그런 마음이 들었다.

  제자는 모교를 방문하면서 내 생각이 났고, 자기를 가르쳤던 교수를 아이들에게 보여주고 싶었던가 보다. 감사한 일이다. 이런 깜짝 방문은 얼마든지 기쁜 일이다.

  오랜만에 온 제자도 반갑지만 연구실에 온 흔치 않은 귀한 꼬마 손님으로 인해 마음이 더욱 풍성해졌다. 헤어지면서 아이들을 한 명씩 꼬옥 안아 주었다. 모두 예쁘고 건강하게 성장하기를 바라면서… 2박 3일 간의 서울 여행이 가족 간에 정겹고 보람있는 시간이 되기를…

18

17세의 소녀 감성을 마주한 행복

스승의 날이 다가오면서 34년 전인 1991년, 교사 3년차에 가르쳤던 세 명의 이화여고 제자들로부터 연락이 왔다. 사실 이들은 3-4년 전부터 찾아오겠다고 매년 연락이 왔었는데, 그중에 한 명이 '살을 10kg 더 빼고 선생님을 뵙겠다'는 귀여운(?) 이유를 대며 계속 미루다가, 드디어 올해 오겠다고 한 것이다. 이게 미룬다고 될 것이 아니고, 이러다가 평생 선생님을 못 뵙는다는 친구의 애정 어린 조언을 겸손히 받아들여 드디어 올해 뵙게 되었노라고 이틀 전 그 제자로부터 따로 전화 연락을 받은 터였다.

이들은 특히 모두 교직에 몸을 담고 있는 중등교사들이다. 제자들이 어엿한 교사가 되어 이렇게 만나는 것도 특별한 기회라 생각되는데, 그중에 한 명은 작년에 장학사가 되었고, 다른 한 명은 올해 교감이 되었다.

식당에 들어가 예약된 방을 찾아가니 "어멋, 선생님!"하며 환한 웃음을 짓는 두 명의 제자, 송아영과 김영신을 볼 수 있었다. 이제 어느덧 50살이 넘는 중년에 접어들어 자녀들도 모두 대학생이라 하는데,

이들의 목소리는 여전히 맑고 깨끗하다. 살짝 성숙함이 스쳐 지나갈 뿐 여전히 옛날 그대로의 얼굴이다. 30년이 넘는 간격이 있었으나 그 때의 모습이 그대로 투영되니 그 오랜 세월을 아우르는 통시대적 공감대가 가득하여 이야기꽃이 만발하였다.

장학사인 제자, 방연주는 갑작스러운 교육청 일로 조금 늦게 왔다. 그런데 이 제자는 오자마자 납죽 90도 인사를 여러 번 하며 큰 소리로 "선생님, 늦어 죄송합니다!" 한다. 배낭을 맨 채로 연신 몸을 구부리는 이 모습에 늘 명랑하고 주변의 분위기를 웃음으로 이끌곤 했던 그때의 모습이 여전해 모두 박수하며 웃었다. 서둘러 오는 지하철 안에서 선생님을 34년 만에 만나기에 화장을 막 하며 왔다고 하며, 속눈썹도 붙이려고 가지고 왔는데 차마 지하철에서 이것은 못했다며 애교 섞인 눈웃음을 보이니 모두 얼굴 가득 웃음이 넘쳤다.

당시 방연주 이 학생은 영민하고 선한 눈빛, 그리고 쾌활하고 밝게 웃는 소녀였는데, 34년 만에 본 모습도 여전하다고 느꼈다. 내 담임 반 학생은 아니었으나 옆의 반 반장이었기에 교무실에 자주 들락거렸는데 어느 날 교무실에 나타난 모습을 보니 영화 '로마의 휴일' 주인공인 단발머리 미국 영화배우 오드리 햅번이 연상되어, 성을 붙여서 '오드리 방'이라고 별명을 붙여주었다. 그 별명이 본인에게 마음에 들었는지는 모르겠으나 그 별명을 부를 때마다 다행히 환하게 웃어주어 고마웠던 기억이 있다. 작년에 장학사가 되었다는 소식을 접하고 장학사가 된 첫 제자이기에 내가 설레고 자랑스러워, 축하 꽃다발을 교육청으로 보냈던 적도 있다. 꽃다발에 '오드리 방 장학사 취임 축하' 리본을 붙여주어서 말이다.

영어 교사인 송아영 제자는 최근 몇 년간 나와 페이스북을 통해서 소통을 하고 있었으나 직접 만난 것은 역시 34년 만이다. 여고생 때도 조용하며 차분한 학생으로 기억하는데, 현재 커리어 우먼이지만, 페이스북을 통해 가정에서도 최선을 다하는 모습에 늘 잔잔한 감동이 느껴져 만나고 싶었던 제자이다. 제자 김영신은 사회교육 전공인데 여고생 시절에 착실한 학생으로 성품도 온유하고 눈이 맑은 학생이었다. 올해 교감발령을 받았다고 하면서, 사실 교감에 대한 생각이 없었는데 한 선배교사의 끈질긴 권유를 받고 후다닥 준비하여 2년여 만에 교감발령을 받았다고 하니 역시 성실하게 최선을 다하는 그 모습은 옛날과 비슷하다고 생각했다.

세 명의 여고 제자들이 모이니 50이 넘은 나이였으나 17세 소녀 감수성이 가득한 대화로 가득 차 오랜만에 많이 웃을 수 있었다. 당시 선생님들, 특히 젊은 선생님들이 여고생들의 아슬아슬했던 위험수위 질문을 받고 당황하여 쩔쩔매던 이야기는 나도 총각 교사로서 동일하게 당했던 터라 30여 년 전 개구쟁이 여고생들 앞에서 얼굴이 붉어졌던 때가 불현듯 생각났다. 또 여러 선생님에 대한 기억에 남는 에피소드들, 수업 중 있었던 재미있던 이야기 등등이 꼬리에 꼬리를 물고 이어지니 웃음이 만발했다.

그중에 나에 대한 이야기도 있었는데, 강의 중에 침을 튀기며 수업을 하였기에 별명이 '분무기'였던 이야기, 그런데 맨 앞에 앉았기에 총각 교사인 나의 침 세례를 영어수업 시간 때마다 받았던 송아영, 이 제자를 주변 친구들이 오히려 시샘하며 질투했노라는 이야기 (물론 내 침을 맞고 지금까지 대학에 떨어진 학생들이 없다는 식으로 짐짓 둘러대며 침

맞은 학생들을 위로하긴 했었다), 또 어느 날 점심시간 이후 서둘러 수업시간에 들어 온 내 바지 뒷주머니에 칫솔이 있어 학생들이 서로 눈짓을 하고 키득키득했다며, 수업 중 나의 일거수일투족이 여고생들의 온 관심사였다는 이야기, 담임 반 학생이었던 김영신은 오히려 다른 반 학생들까지 신경 쓰는 담임에게 당시 살짝 서운했다는 이야기 등등, 그때 그 시절의 이야기가 파노라마처럼 펼쳐졌다.

17세 소녀 감성으로 재잘거리니 어느덧 세 시간이 훌쩍 지나갔다. 이제 함께 사진을 찍고 일어나야겠다고 하니 방연주가 "죄송합니다!" 하며 잠깐 시간을 달라고 한다. 보니 이 제자가 뒤돌아 쪼그리고 앉아서 얼굴에 화장을 막 하는 모습에 또 다시 우리 모두 웃음이 빵 터졌다.

함께 지하철 플랫폼에 도달하여 세 명의 제자가 반대 방향으로 가는 나를 먼저 배웅하겠다고 하였다. 열차가 와 타서 앉으니 열린 문 사이로 "선생님, 감사합니다!" 큰소리로 외치며, 특히 방연주는 두 손을 들어 몸개그를 하며 하트 사인을 날리니 승객들이 다 쳐다본다. 승객들은 상상하기 어려웠으리라… 이들이 교사요, 교감이요, 장학사인 것을 말이다. 그럼에도 부족한 옛 스승인 나를 위해 기꺼이 여전히 소녀의 모습으로 이렇게 분위기를 연출하는 이들에게 감사한 마음이다. 내 바로 옆에 앉아있던 승객이 "아이고, 저분들 술을 많이 드셨나 보네…" 하기에 내가 "아.. 아니요, 34년 만에 만난 제자들입니다" 하니 환히 웃으며 나를 쳐다본다.

집에 오는 내내 행복한 웃음이 내 입가에 떠나지 않았다. 마치 현실이 아닌 가상 세계로 갔다가 온 것만 같은 행복이었다.

6장

캠퍼스 일상에서

맛보는

행복

1
좁은(?) 외대 운동장

외대는 학교 면적으로 보면 참으로 좁은 학교이다. 그러나 그 안에서 돌아가는 일을 보면 참으로 거대한 학교이다. 이 좁은 곳에서 세계 45개 언어와 지역학을 배우며 우리의 눈과 마음은 세계를 바라보는 독특한 곳이다. 세계 어디 가서 한국인이 여기는 없겠다 싶은 곳에서, 한국인이 어쩌다 보인다면 그 사람은 필시 외대 졸업생임을 많은 이들이 이야기한다.

또한 이 좁은 학교로 세계 각 나라에서 사람들이 꾸준히 찾아온다. 학교에 있다 보면 심심치 않게 각 나라 대사들이 방문함을 목격한다. 도서관 앞 한 곁에 나라 국기를 달고 파란색 외교 번호판을 붙인 고급승용차가 주차되어 있음을 목격하면 '아… 주한외국대사가 또 왔구나. 어느 나라이지?'하며 승용차에 달린 국기를 유심히 바라보게 된다.

외대의 운동장은 평범한 일반 고등학교의 운동장 사이즈 정도이다. 나는 외대에 처음 부임해서 이 좁은 운동장이 무슨 도움이 되겠나 생각했다. 그리고 우리 외대학생들을 처연하게 생각했다. 교육환경이

충분치 못함에 학생들에게 미안한 마음도 들었다.

그런데 조금 지나고 나서 그 생각을 바꾸었다. 교육대학원 수업하러 저녁에 지나가다 보면, 축구 시합을 진행하고, 야구 공던지기도 하며, 이쪽에선 농구와 검도를 연습하고 또 저쪽에선 미식축구 연습이 한창인 학생들을 볼 수 있다. 이 다양한 활동이 이 좁은 공간에서 함께 이루어지고 있음이 믿기지 않고 밀도 있게 운동장을 사용하는 모습에 감탄하게 되었다. 무엇보다 불평 없이 학생들이 이 좁은 공간에서 나름대로 열심히 활동하고 있음이 고맙게 느껴졌다. 하긴 생각해 보니 우리는 이 공간에서 모의 올림픽, 모의 월드컵 등등의 대규모 행사를 매년 해온 것이 생각난다.

우리 외대생들이 대단하다. 좁은 공간을 극대화하는 그 모습에 경의를 표한다. 세계를 호흡하며 움직이게 될 외대인은 자신들이 후에 누비고 다닐 이 지구공간을 효율적으로 사용하여 극대화하는 연습을 이 좁은 공간에서부터 시작한다.

그뿐인가. 저녁 강의가 끝나고 나오면 운동장엔 동네의 아줌마, 아저씨들이 운동장을 돌며 조깅하느라 줄을 이룬다. 그 옆에는 희미한 수은등 아래에서 배드민턴을 한다. 갑자기 윙 하는 소리에 눈을 들면 동네 꼬마들이 인라인스케이트와 자전거로 질주함을 보게 되기도 한다. 동네 할아버지 할머니들은 손자 손녀를 태운 유모차를 끌며 완보하고 있다. 이들이 이렇게 학교에 들어와도 친절한 경비아저씨는 뭐라 이야기도 없다. 외대생들도 주민과 함께 이 운동장을 사용함을 당연하게 생각한다.

세계를 호흡하게 될 외대인은 이미 학교에 다니면서부터, 이 지구가 함께 더불어 살아가는 평화의 공간임을 자각하는 연습을 자연스럽게 주민들과 더불어 지내며 하게 된다.

외대는 결코 작지않다. 이곳은 세계와 만나는 국제적 공간이기 때문이다. 외대의 운동장은 결코 좁지 않다. 이문동 주민과 함께 하는 평화의 공원이요, 자원이 고갈되어가는 이 비좁은 지구를 효율적으로 극대화함을 배워 나가는 지구경영 훈련센터이기 때문이다.

〈2003. 10. 12〉

*
후기

외대는 2012년 오바마 대통령이 방문한 학교로서, 미국 대통령이 방문한 국내 유일의 대학이다. 그로서 결코 작은 대학이 아닌 그 세계성과 확장성은 확실히 입증이 되었다. 더불어 올해 외대 인근 이문동은 대단위로 재개발되어 많은 고층 아파트가 들어섰다, 운동장의 인구 밀집도는 더 높아질 것이나 경비아저씨는 여전히 친절할 것이며, 동네 이웃들은 새로워진 우레탄 트랙에서 산책을 즐길 것이고, 방과 후에 학생들은 이들과 함께 운동장을 사용하며 평화적으로 공생하게 될 것이다. 외대 운동장은 좁지 않은 세계 평화 공원이다.

2

신임 교수님들, 퇴임 교수님들

매번 방학이 끝나는 마지막 주에는 전체 교수회의가 있다. 오랜 방학이 끝나고 얼굴을 맞대보는 반가운 해후의 공간이기도 하면서, 학교 책임을 맡은 총장님의 학교 발전의 비전 말씀, 그리고 지난 6개월간의 다양한 학교의 이모저모의 소식들을 담당자들이 보고하고 다음 학기를 계획하며 질의 응답하는 자리이고 또 이어서 단과대 별로 모임을 갖는 자리도 있다.

교무처, 학생지원처, 총무처, 기획조정처, 입학처, 연구대외협력처, 정보지원처 등등 각 단위에서 준비한 각 처장들의 보고서가 언뜻 보아도 제법 분량이 두껍다. 그리고 교수협의회 모임까지 더하여 시간은 오후 반나절이 꼬박 소요된다. 대학종합평가 준비, 입학생 결과, 새 정원조정안, 특성화 지원사업 준비 등등 일일이 열거하기에는 너무 많은 일들이 보고서를 가득 메우고 있다.

전체교수회의 때가 되면 빠지지 않고 하는 순서가 있는데 그것은 신임 교수 및 정년퇴임 교수의 인사소개이다. 통상 신임 교수들이 서른 중반에 대학에 임용되어 약 30년 동안 봉직하다가 정년을 맞이하게 되는데, 그 30년의 세월이 적나라하게 대비되는 이 두 그룹의 연속적인 인사소개는 내게 늘 감회가 새롭다.

　오늘은 이제 8월 31자로 정년 퇴임하시는 세 분이 계셨다. 안병만 총장님이 최대한 예우를 갖추고 한 분 한 분 소개하는데, 좀 쓸쓸하기도 하면서 숙연한 분위기이다. 정년을 맞기까지 교수와 연구로 수고하신 분들의 노고에 감사하며, 앞날을 축복하는 박수가 우레와 같이 터진다.

　총장님은 이분들이 학교를 아주 떠나는 것은 아니라고 하시며 명예 교수가 되시니 자주 들려 달라며 계속 이분들로부터 지도 편달을 받겠노라고 하시며 정답게 웃는다. 그러나 실제 그렇게 하기는 어렵다는 것을 모두 다 안다.

　곧이어 열 세분의 신임 교수 인사가 있었다. 어떤 분들이 새로 부임해 오셨나 하며 신기해하는 마음으로 모두 고개를 올려 안테나를 세우듯 귀를 쫑긋하고 쳐다본다. 우리 학과에 오시는 멀티미디어영어교육을 전공한 신임 이충현 교수도 포함이 되어 있기에 나도 더더욱 관심을 가지고 쳐다보았다. 모두 약간의 군기가 잡혀 있는 듯 인사를 90도 각도로 공손하게들 한다. 총장님이 이들이 속하게 될 학과와 이들의 세부 전공 그리고 학사, 석사 및 박사학위 취득학교 등등의 정보를 알려준다. 여러 신진학자들이 이제 학생들을 가르치고 학문적 성취를 이루며 거목으로 자라가는 그 출발점에 섰다. 한분 한분 소개가 되면서 선배들의 박수 소리가 이분들을 향해 따뜻하며 생기있게 울려 퍼진다.

　잠시 후에 퇴임하시는 분들의 선물증정식에 세 분 모두 발언할 기회가 주어졌다. 이런 순서는 참으로 소중한 시간이다. 경우에 따라서는 30년을 넘어 35년 이상을 봉직한 학교를 떠나시는 그분들의 말씀은 귀에 쏙쏙 들어온다.

한 분이 이렇게 이야기한다. 이분은 1988년 서울 올림픽 조직위 수석통역사도 역임한 분으로 통역대학원장으로 오래 일하다가 우리나라 통역/번역사에 끼친 공로로 정부 추서 훈장도 받고 퇴임하는 곽중철 교수이다. "정년이 과거에 없었으니 지금 있는 것이고, 정년이 지금 없으면 미래에 있을 것입니다"고 하며 그 마음으로 정년을 준비하였다고 한다. 순간 분위기가 엄숙해진다. 이분은 학부를 외대에서 나왔으니 무려 45년 동안, 그러니까 철들고 난 후 일생을 외대에서 지냈노라고 하였다. 아직 청년 같은 깨끗한 얼굴에 사실 퇴임이 어울리지 않는 모습이 가득하지만 다가오는 정년을 준비해 왔다고 하며 우리에게도 그런 자세가 중요함을 이야기 한다. 그분은 이제 별도로 학교 밖에 조그만 사무실을 얻어 연구를 계속할 것이란다. 그러시면서 지나가다가 우리가 들르면 커피와 라면을 대접하겠노라고 하여서 우리가 모두 "와~" 하고 웃었다.

스페인 문학을 전공한 손관수 교수는 서두부터 심상치 않다. 최근 파고다 공원에 한번 가 보았다고 한다. 수 많은 노인들이 아무 생각 없이 빼곡히 앉아있는데 그 대낮에 모두 무덤에 있는 듯 보였다면서 "하나님의 생명이 인생에게 있음이 무엇보다 중요합니다"고 한다. 이분은 지난 50주년 개교기념일에 턱시도 복을 입으시고 귀빈들 앞에서 바이올린을 연주한 멋진 분이기도 하다. 마지막 말씀이 감동이다. "충심으로 여러분께 말씀드릴 것은 하나님을 아는 것이 지식의 근본이다라는 것입니다." 30여 년의 교수 생활을 마감하며 삶으로 경륜으로 들려주는 마지막 그 말이 여러 후배 교수들에게 여과 없이 마이크로 생생하게 들려졌다. 신앙의 양심에 따라 마지막 공식적인 자리에서, 후배 교수들에게 한 그 말씀의 여운이 가슴에 오래 남았다.

긴 방학을 마치고 오랜만의 만남으로 부산하고, 학교의 새로운 비전이 기대되며, 신임 교수들의 생동감이 넘쳤던 하루... 무엇보다 이제 정년을 맞이하는 퇴임 교수들이 경륜과 가슴으로 남겨준 이야기들...

우리 인생의 종말을 기억하며 살아가는 삶은 우리의 마지막을 준비케 하며, 또 그 너머의 삶에 소망을 갖게 하듯, 정년을 맞이하는 분들을 보면서 하나님이 주신 일정한 연한의 삶을 새삼 느끼게 되고 미리 준비하는 지혜를 얻는다. 결코 영원하지 않는 우리들의 삶... 하나님 안에 살아가며 감사와 기쁨으로 가득 채워질 우리 인생의 아름다운 소망을 품는다.

〈2004년 8월 28일〉

3
연두 빛 신입생 오티에서

　오티… 언제부터 있었는지 모르지만, 재학생들이 신입생들을 최초로 만나는 시간이다. 입학하기도 전, 이 시간을 통해 선배들은 신입생이 누구인지 궁금함을 해소하고, 신입생들은 자기가 다니게 될 학과의 이모저모를 미리 맛보는 시간이다.
　드럼을 준비하고 앰프를 준비한 고학년 학생들의 성의에 감동을 먹은 하루이기도 했다. 영어교육과에 밴드가 있는지 처음 알았다. 또, 그 조용한 경민이가 드럼을 치리라고, 또 늘 수줍어 하는 복학생 상민이가 노래를 하리라고는 상상을 못했다. 이제 졸업하여 학교 교사로 나가기 직전의 선배들이 오늘 오티에 나오리라고는 기대를 못 했었다. 허리 36인치의 노짱 선배는 더더군다나 말이다.
　후배들을 앞에 놓고 이렇게 준비를 한 재학생들이 들인 시간과 그 노력을 칭찬하고 싶다. 그런데 재학생들이 부르는 노래 중에 아는 노래가 하나도 없다. 신입생들은 반응을 보이는 것을 보면 필시 요즘 유행하는 곡일 듯하다. 아울러 영어교육과 노래가 있는지도 처음 알았다. 근데 락(rock) 가락으로 따라하기가 벅차다.

신입생이 아니라 선배가 먼저 소개한 것도 신입생들에게 시간을 더 주려는 사회자의 배려임이 느껴져 좋았고, 얼떨떨한 신입생들도 이런 선배들의 격려와 괴성에 힘입어 나름대로 재미있게 소개하고 분위기에 어울리니 보기가 좋다.

확실히 요즈음 젊은이들은 맺고 끊는 것이 분명하고 솔직하다. 미묘한 호칭 문제도 한칼에 마무리 짓는다. 또, 물론 격려하기 위한 것으로 이해하지만 얼굴이 예쁘거나 잘생긴 신입생들에게 괴성이 난무함을 보고 놀랐다. 우리 때는 예쁘면 속으로만 생각하고 은근한 마음으로 쌓아두었기에 말이다. 소위 얼짱, 몸짱이 뜨는 시대임을 실감했다.

또 이제 국제화 시대가 되어 우리 과에 영국인이 들어옴도 신기하다. 학생들이 신입생인 '마크'가 나이가 많음을 알고 바로 마크 형이라고 부른다. 우리 과에 좋은 대화 파트너가 있어 신입생은 타 학년보다 전체적으로 영어 능숙도가 향상될 것이 기대된다.

나는 이런 모임을 가져 보지 못한 채 1학년을 보냈다. 이런 오티가 없었고 입학 후 3월 중순 어느 날 그저 각 학년과 따로 교실에서 건조하게 인사하는 시간을 가졌던 경험이 있을 뿐이었다.

이제 갓 날개를 펴서 이 넓은 세상을 날아오르는 준비를 마친 독수리 같은 신입생… 이들을 바라보니 나도 흥분이 된다. 재기와 총명이 가득한 후배들이 새로이 들어오니 선배들의 얼굴도 상기되었다. 옆에 서 있는 학과장님이 미소를 지으시고 함께 해 주시니 든든하기도 할 것이다. 기대되는 신학년…. 연두빛으로 가득한 오티 교실 현장의 창으로 햇빛이 가득 들어왔다.

〈2004년 2월 17일〉

4
남이섬 가을 MT

마석, 대성리, 새터, 청평… 이런 이름들이 들릴 때마다 대학 시절 경춘선 기차를 타고 MT 가던 때가 생각난다. 20년 전 새터의 어느 날 이른 아침, 강변에 가득한 물안개가 지금도 기억나고, 쓸쓸했던 대성리 간이역의 모습도 기억난다. 기차를 기다리면서 "우리는 지금 대성리를 떠나고 있습니다"라고 읊조리던 문학을 좋아했던 친구 녀석의 얼굴, 전날 밤을 꼬박 샜기에 퀭한 모습으로 있던 또 다른 친구의 청바지와 어깨에 맨 기타가 기억이 난다.

지난 금요일 저녁엔 학생들과 함께 남이섬으로 MT를 가게 되었다. 같이 가는 이 학생들의 모습에서 20년 전 나의 모습을 볼 수 있었다. 서울에서 춘천 가는 길은 훨씬 넓어졌고, 주변 거리는 변화해졌지만 '춘천가는 길'이 주는 그 두근거리는 마음은 예나 지금이나 그대로였다. '청춘' 이 말만 들어도 가슴 뛴다고 이야기했던 그 마음이 이런 것이 아니었겠나 생각해 본다.

남이섬은 북한강 가운데 있는 섬이다. 배로 불과 10분 채 못 가는 조그만 섬이지만, 배를 타야 가는 강 중앙의 섬이 주는 신비함이 젊은 이들의 마음을 설레게 하는 것 같다. 20년 전에 왔었을 때는, 그저 잔디밭에 불과했던 섬이 이번에 보니 예쁜 다양한 숙소 시설이 들어와 있고, 키 큰 가로수들이 길 가 양쪽에 도열해 있는 모습이 외국의 어느 산림공원을 연상시켰다. 또 곳곳에 토끼와 다람쥐가 뛰어놀고 있고 타조도 보였다. 사람과 친숙한 그들이어 가까이 가도 그리 놀라는 눈치는 아니었다. 무엇보다 도시에서는 맛볼 수 없는 신선한 나무 내음과 신선한 공기가 남이섬에 도착하니 우리를 두 팔로 가득 맞이해 주니 좋았다.

학생들은 해맑은 얼굴에 자유스럽고, 한편으로 기본적인 질서가 그들 간에 나름대로 형성되어있고 사범대 학생 특유의 선한 성품과 진지한 마음, 그리고 배려하는 마음이 있음도 발견하였다.

도착하자마자 저녁 식사를 준비한다. 준비하는 동안 동료 교수님들과 내가 심심해 할까봐 학생회장 박근혜 학생이 와서 이런저런 이야기를 건네며 우리를 덜 심심하게 한다. 화제는 근혜의 남자친구 미래상의 이야기가 나오더니, 강의실에서는 들을 수 없는 동료 교수의 옛 데이트 할 때의 이야기 등이 자발적으로 웃으며 이야기되니 듣는 근혜와 나의 눈이 번뜩였다.

부대찌게, 버섯찌게, 그리고 삼겹살이 등장한다. 추운 날씨에 서서 먹는 사람이 대부분이지만 모두 맛있고 배부르게 먹었다… 건강한 웃음꽃이 곳곳에서 만발한다. 이 기회에 학생들 이름을 하나하나 물으며 기억하려 애썼다. 마침 늦게 도착한 99학번 군대에서 갓 제대한 남학생들이 처음 보는 1학년 여학생들 앞에서 어색해하는 모습도 아련한 나의 옛 모습을 떠오르게 했다. 내가 제대하고 오니 83학번 후배들하고 같이 공부했는데 여학생 후배들의 모습에 좋으면서도 괜히 쑥스럽고 어색했던 기억이 있다. 곧이어 게임이 이어지는데 옛날에 우리가 하던 게임과는 다른 유형의 게임들이다. 이용범 학생의 재치 있는 사회, 또 우리 모두의 웃음과 개성있는 표정들, 즐거운 농담이 모두를 재미있게 하였다.

그리고는 밤 1시 넘어 밖에서 담력 훈련을 한다고 나오란다. 깜깜한 곳을 갔다 오는 동안 선배들이 중간중간 무섭게 하며 즐기는 프로그램이라는데 함께 한 교수들은 체력적으로 더 이상 감당하기 어려우니 먼저 잠자리에 들었다. 또 이렇게 해야 학생들이 자기들끼리 더 편하게 놀 수 있지 않겠나 생각도 하면서. 잠자리 중간중간, 학생들의 웃음이 계속 들려온다. 저쪽 방에서는 여전히 뭔가가 진행 중이다. 구호도 외치고 열띤 이야기도 들린다. 아마도 밤을 꼬박 새울 모양이다. 잠결에 저 때가 참 좋은 때지 하는 생각도 들고, 참 체력도 좋은 그들이 은근히 부럽다는 마음도 든다.

다음 날 일정 때문에 우리 교수들은 이른 아침 첫 배로 먼저 출발해야 했다. 아침 남이섬의 모습은 어젯밤의 모습과 또 달랐다. 가을의 나무들이 빛바랜 잔디와 함께 가을에 흠뻑 취한 모습을 보여주었다. 토끼들과 다람쥐가 마중 나와 있고 선착장에 나가니 아침 물안개가 피어오른다. 주변 산에는 낙엽으로 아름다운 비경을 보여주고 있었다. 호반의 장소 남이섬에서 아름다운 가을, 짧은 젊은 여행에 동행한 황홀함을 기억하고자 연신 깊은 심호흡을 하며 쌀쌀한 배 갑판 위에서 멀어져가는 남이섬을 아쉬운 듯 바라보았다.

⟨2003. 10. 26⟩

5

산은 내게 말하고 있다

　북한산... 집과 학교를 오가는 길인 동부간선도로를 따라 달리다 보면 늘 보이는 산... 뿐 만 아니라 우리 집 내 방에서도 보이는 산이다.
　1969년 초등학교 2학년 때 수유리로 이사 왔으니 이 산을 보고 지낸 지도 벌써 35년이 되었다. 중간에 10년 정도 외지에 있었던 시간을 제외하면 25년 동안 이 산을 보아 왔다.
　초등학교 시절엔 북한산의 모습이 하늘을 보고 있는 케네디 대통령의 얼굴 모습이라고 들었기에 볼 때마다 그 모습을 연상했던 적이 있었다. 수유리에서 바라본 그 모습 가운데, 정말 인수봉이 머리칼이요, 백운대가 코요, 그리고 만경대가 입의 모양처럼 보이니 신기하다고 생각하며 쳐다보곤 했다.
　중고등학교 시절엔 북한산은 때때로 힘이 들 때마다 쳐다보는 산이 되었다. 고등학교 교실에서도 창밖으로 고개를 돌리면 북한산은 통째로 훤하게 보이는 산이었기에 이 산은 내겐 늘 아버지와 같고 어머니와 같은 산이었다. 지금처럼 아파트와 빌딩이 많지 않던 시절, 학교 오가는 길에 눈을 들면 어디서도 쉽게 보이는 이 산은 내게는 친구 같은 산이었다.

　이 산은 대학에 가서는 세상의 잡다한 가치로 방황하며 내 갈 길을 모를 때, 내게 깨달음을 준 산이다. 불투명한 미래를 위하여 아등바등하며 방황하던 대학 4학년, 취직 공부를 한다며 도서관에서 헤매다가 그 날따라 곤고한 마음에 일찍 6번 버스를 타고 집으로 가던 중, 북한산에 석양이 뉘엿뉘엿 지는 쓸쓸한 광경을 보고 내 인생이 바로 저 모습과 똑같다고 느끼고 큰 회심을 하게 되었다. 그리고 바로 한 대학 기독단체의 원단 금식 집회에 난생 처음으로 참여하기로 결단을 하여 내 인생의 전환점이 되는 계기가 되기도 했다.

　군 시절엔 논산에서 6주 훈련 후, 작대기 하나 모자에 달고 자대배치 받아 4월 말 어느 늦은 오후, 군용트럭 뒤에 더플백 들고 홀로 올라타 의정부로 가다가 북한산을 보았다. 그 때 본 북한산은 매우 품이 크게 느껴졌을 뿐 아니라 예의 내게 미소를 지으며 군 생활 시작하는 내게 걱정하지 말라고 이야기하는 것 같았다.

　여고의 교사로 있을 때는 매년마다 1월 2일이면 담임 반 학생들을 끌고 북한산 등반을 했다. 이제 고3이 되는 여학생들에게 새해 힘찬 소망과 자신감을 주고자 춥고 미끄러운 설산에 밀어주고 끌어주며 백운대 정상까지 함께 올랐음은 생생하게 기억이 나는 장면이다. 새해를 이제 시작한 학생들이 겨울 북한산의 정상까지 오르며 큰 비전을 품으며 벅찬 감격을 북한산은 주리라 생각했다.

　10년간 해외 유학 그리고 지방에서 근무하다가 작년 다시 돌아왔다. 예전보다는 조금 더 북쪽 이곳 상계동으로 이사를 왔다. 내 방에서 보이는 북한산은 옛 시절 추억에 물씬 젖게 한다. 유학 시절 내가 있었던 곳은 지평선이 사방에 보이는 곳이었다. 그곳에서 그리웠던 것 중 하나는 굴곡이 있는 '산'이었다.

  설날 아침, 다시 산을 마주 대한다. 일생을 통해 내게 말을 건네던 산이다. 올 한 해에는 무엇을 내게 말하는지 바쁜 가운데에도 종종 고개를 들어 산을 보련다.

    '내가 산을 향하여 눈을 들리라
    나의 도움이 어디서 올꼬
    나의 도움이 천지를 지으신 여호와에게서로다 (시 121:1-2)'

〈2004년 1월 21일〉

6

직원 파업에 교직원 신우회의 간절한 기도로

　학교에 요즈음 직원 선생님들의 파업이 진행되고 있다. 현재 두 달이 되어간다. 학교 측의 입장과 또 직원 선생님들의 입장이 각자 달라 조정하기가 어려운 형편인 채로 오랜 시간 감정의 골과 갈등이 깊어져 갔다. 학생들은 학생대로 도서관, 취업센터, 방학 중 해외연수 관련된 일들이 급한데 현재 제대로 돌아가지 않으니 답답해하고 그 피해를 고스란히 보고 있다.

　이래서는 안되겠다는 생각을 하고 교직원 신우회에서 학교를 위해 기도하기 시작했다. 늦은 감이 있지만 더 늦으면 안 되겠기에 지지난 주부터 매주 두 번씩 시간을 정해 놓고 기도한다. 매주 화요일은 외대교회에서 5시에 교수, 직원, 학생 모두 모여 기도하고, 매주 금요일 5시는 이인자 선생님이 도움을 주셔서 보건실에 모여 교수와 직원이 모여 기도한다.

　지난주인가... 외대교회 수요일 낮 예배 직후 양민정 신우회장님이 학교를 위해 소리 내어 통성으로 기도할 것을 제안하였다. 벌써 두 달 여를 맞이한 파업의 이 현상을 놓고 하나님께서 긍휼을 외대에 주시길 구하였다. 서로 간의 갈등을 좋아하는 이는 오직 악한 사탄임을 알고, 학교와 직원 선생님들이 서로 화해의 장을 열어 하나님의 복을 외대에서 경험하도록 기도하였다.

기도하는 가운데 어느 학생이 특별히 소리 높여 간절히 부르짖으며 기도하니 하나님의 성령이 함께 기도하는 우리 모두의 마음을 만져 주셨다. 학생의 그 절박한 그 마음이 우리 모두에 전달이 되면서 하나님의 마음을 느낀 것이다.

"하나님이여… 긍휼을 주소서… 외대를 향한 하나님의 뜻이 있나이다…

하나님이여… 불쌍히 여기소서… 우리에겐 이 외대를 향하여 소명이 있나이다…"

지지난주부터 이렇게 마음을 모아 하나님께 기도하였는데 우리의 기도를 하나님이 들으신 것일까? 꿈쩍도 안하던 노사 간에 최근 협상이 시작되었노라는 소식을 지난 금요일에 처음 들었다.

협상이 잘 진행된다는 소식을 오늘도 들었다. 우리의 작은 신음에도 응답하시는 하나님을 경험하는 순간이다. 하나님은 이 학교를 그저 방치하지 아니하시고 도와주실 것이다. 속히 정상화 되어 비온 뒤 땅이 더욱 굳는 것처럼, 양 측의 마음이 풀어지고 화해함으로 더욱 견고한 관계로 나아가길 기도한다.

하나님은 살아 계신다.

〈2006년 5월 30일〉

7

이응호 교수님의 성품

1980년대 내가 대학 다닐 때의 은사님인 이응호 교수님이 퇴임 후 가족과 함께 미국에 사시다가 최근에 잠깐 한국을 방문하셨다. 1960년대 미국의 아이비리그를 졸업하셨던 은사님은 순수한 학자적 태도와 학문적 열정이 늘 성실하여 기억에 남는 분이었다. 은사님이 학교를 방문하는 기회도 흔치 않은 것 같아 은사님께 특강을 간곡히 부탁을 드렸다.

지난 금요일, 실로 오랜만에 학교로 오신 은사님은 감회에 젖으신 듯, 이곳저곳을 유심히 살펴보셨다. 대학생들을 오랜만에 만나신 반가움이 가득 배인 열강을 하셨는데, 중간중간 미국 카터 대통령이 연상되는 특유의 그 웃음은 여전히 빛을 발하셨다.

은사님이 학교로 오셔서 특강을 하신다고 몇몇 졸업생들에게 공지하였는데, 졸업생들이 특강에 찾아왔다. 그 가운데 은사님의 조교 생활을 했던 이도 있었다.

특강이 끝나고 함께 차를 마시는 시간이 있었다. 이 졸업생이 은사님께 말씀드린다. "그런데 교수님, 기억나세요? 제가 조교 할 때, 한

번 출근 시간에 늦은 적이 있었습니다. 유학 가려고 돈을 마련하기 위해 아르바이트를 밤 늦게까지 하느라 너무 힘이 들어 어느 날 아침에 미처 일어나지 못했습니다. 송구스러운 마음으로 허겁지겁 학교 사무실로 가서 교수님을 뵙고 죄송하다고 말씀을 드렸습니다. 그랬더니 교수님이 뭐라고 말씀하셨는지 기억하세요?" 은사님은 눈을 동그랗게 뜨시고 "글쎄… 뭐라 했는데?" 하시니 그 졸업생이 이어갑니다. "교수님이 이렇게 말씀하셨습니다. '자네가 늦었다면 늦을 만한 이유가 있을 것이라고 나는 생각하니 너무 걱정하지 말게…' 제가요, 교수님의 이 말씀을 듣고 저를 신뢰해 주시니 참 감사했습니다. 사실 오늘 와서 교수님께 꼭 감사의 말씀을 드리고 싶었습니다." 옆에 듣던 우리가 "와~" 했습니다. 이분이 더 이야기하네요…"그 말씀을 듣고는 지각하지 않도록 더 조심하고 애를 쓰게 되었습니다"

보니 신뢰로 용납하는 것이 중요한 것을 본다. 이미 잘못한 것을 알고 있는 상황에 따지고 잘잘못을 가리는 것보다는 인격적인 신뢰를 보여줌이 참 중요한 것으로 돋보이는 일화이다. 기계적인 활동과 관계가 가득 차기 마련인 직장… 내 주변의 동료들, 또 학생들을 바라본다. 하나님이 주신 중요한 직장동료일 뿐 아니라 또 소중한 학생들임을 잊지 말아야겠다.

신뢰하며 칭찬하는 가운데 사람이 세워져 감을 새삼 느낀다. 만나는 이들과의 삶을 새롭게 조명하는 마음을 가져 본다.

⟨2007. 5. 13⟩

*
후기

    이응호 교수님의 넉넉한 성품은 다른 많은 졸업생에게 감동을 주었는데, 그중에 1982학번 홍현주는 감사함의 마음을 담아 3,500만 원을 출연하여 이응호 교수님 성함으로 장학금을 수여하고 있다. '이응호 교수 장학금'으로 명명된 이 장학금은 1학년 학생들에 매년 수여되고 있는데, 스승에게 감사하며 예우하는 제자 홍현주의 모습이 감동이다.

8

외대 아버지 학교 개설

지난주 목요일, 그동안 오래 준비하던 '아버지학교'가 드디어 외대에서 개설되었다.

외대 교회와 두란노 아버지학교운동본부가 협력하여 준비한 것이다. 사실, 준비하는 많은 이들이 학교에서 열리는 아버지학교를 통해 외대가, 또 인근 주민들이 더욱 새로운 가정의 모습으로 살아가는 소망을 가질 수 있도록 금식하며 준비하였다.

내가 개설팀장으로 섬기게 되었다. 3년 전에 이 아버지학교를 수료하였는데 참 좋았다. 그저 '참 좋았다'라는 표현이 너무 부족하다. 어떤 이는 아버지학교를 졸업한 것이 하버드를 졸업한 것보다 값진 것이라 이야기한다. 가정이 소중하고 건강하게 세워짐이 그만큼 중요하다는 이야기일 것이다…

아버지학교 참석을 권유하느라 많은 이들을 만났다. '이 학교를 수료하면 참 좋을 텐데…' 하는 마음에는 다들 동의했고, 이야기를 들으며 좋다고 말하면서도 정작 시간을 내는 일은 어렵다고들 했다. 하긴 목요일 5시부터 10시까지의 시간이니 주중에 교수 및 직원 선생님들이 시간을 선뜻 내기가 쉽지 않은 것은 사실이다.

그러나 매우 중요한 일이기에 안타까운 심정으로 외대 구성원은 물론 인근 경희대, 시립대, 그리고 인근 중고등학교에까지 아버지 학교 개설 소식을 알렸다. 많은 교수들과 직원 선생님들께 전화를 일일이 돌렸다. 또 전단지를 들고 인근 아파트 단지와 상가를 다녔다. 여러 교직원 신우회원들도 함께 발품을 팔아 알렸다.

그러면서 어느 교직원의 가슴 아픈 사연도 있었다. 가정의 문제가 있다는 이야기를 전해 듣고 한 어떤 직원 선생님과 접촉을 했다. 가정에 대하여 포기하고 있다고 이야기를 한 바가 있는 분이었다. 저 분이야 말로 아버지학교에 꼭 오셔야 한다는 생각에 등록비도 대신 내 줄 테니 오라고 말씀드렸다. 마음을 담아 장문의 이메일도 드렸다. 그런데 결국 오지 못했다.

기쁜 소식도 있다. 외대교회가 들어가 있는 건물 1층 식당의 사장님이 오기로 하였다. 식당 홀 서빙으로 바쁜 시간이어 주저주저하셨는데 외대교회의 간사가 대신 그 시간에 식당 홀 서빙을 봐주기로 하여 참여가 가능하게 되었다. 또, 생각지도 못했는데 어느 지긋하신 교수님이 자진해서 전화 주었다. 예비된 분이 있음을 알게 되는 순간이었다. 또 인근 카이스트의 교수님이 광고지를 보고 신청해 주었다. 교내 외국어연수원에 수강하고 있는 경찰관도 교내에 걸린 플래카드를 보고 전화 주었다. 아내와의 관계도 아이들과의 관계도 왠지 서먹하다며 기도를 부탁하며 등록을 하였다. 또, 남편 몰래 전화한다는 어느 아주머니... 남편을 꼭 보냈으면 좋겠다면서 비밀로 해 달란다. 결국엔 반갑게도 월차를 내어 오겠단다.

개인적으로 3년 전 아버지학교를 마치고 난 이후, 나는 스텝으로 두 차례 섬기면서 다양한 아버지들을 만났다. 좋은 아버지로 자처하는 분들부터 힘들어하는 분들까지 많이 만났다. 결혼 이후 '사랑한다' 라는 말을 한 번도 해 보지 못한 아버지들도 있었다. '마음에 있으면 되지 굳이 이야기해야 하나' 하며 지낸 분들도 있다. 또한 집에서 알게 모르게 폭력이 있고, 아내에 대하여 무시, 비하와 소통의 단절이 있는 가정도 보았다. 아버지학교 마지막 시간은 아내를 초청하여 세족식을 하는 순서가 있는데, 다 끝나고 소감을 묻는 사회자의 말에 어느 아내가 이야기한다 "제발 저를 인정해 주었으면 좋겠어요.." 하며 눈물로 말을 못 잇는다. 그런 가정 분위기, 그런 아버지 밑에서 아내가 그리고 자녀들이 신음하며 고통받고 있음을 볼 수 있었다.

한 가지 분명한 것은 이 프로그램을 통해 아버지가 좋은 아버지로 더 나아지는 터닝포인트가 되었다는 사실이다. 매번 소감을 발표할 때마다 중년의 아버지들이 굵은 눈물을 흘리며 고백하는 모습은 참으로 인상적이었다.

가정의 새 힘이 공급되는 원천이 아버지들로부터이다. 아버지가 가정에 얼마나 큰 영향력을 끼치는지 알 수 없다. 그런데 우리는 이런 교육을 받은 적이 없다. 안타깝다. 이 아버지 학교가 가정에 힘을 공급해 주는 아버지로 살 수 있는 계기를 만드는 계기가 되면 참 좋겠다.

이번 외대 아버지학교는 목요일마다 네 번 모인다. 그리고 월요일 저녁마다 준비하는 스텝들의 기도 모임이 있다. 사실 목요일은 평일이어서 직장인으로 오기 어려운 시간이다. 그런데 어떤 이는 스텝으로 외대 아버지학교를 돕기 위해 월차를 낸 이도 있다. 이들이 지원자 시절 받았던 그 경험이 너무 좋아서 이제는 스텝으로 섬기는 이들이다. 첫 주차인 지난주 목요일에 38명이 등록을 하였고 그중 33명이 참석했다.

우리 영어교육과 남학생들이 언제가 꼭 이 학교를 수료하기를 바라는 마음 간절하다. 우리 여학생들은 이 학교를 수료하겠다고 약속하는 남자하고만 결혼하기를…

〈2008년 5월 28〉

9

'Monolingualism can be cured.'

'Monolingualism can be cured.'
(단일 언어주의는 치료가능하다.)

20여 년 전, 미국의 대학원으로 공부를 하러 갔을 때 지도교수님 연구실 문에 붙어있었던 배너이다. 어느 다른 전공의 교수님이 지도교수님의 이 문구를 수업 시간에 인용하면서 단일언어 만을 사용하는 것이 치유할 병이라는 것을 비로소 알았노라며 농담 삼아 이야기하며 웃었던 적도 있다. 지도교수님의 신조같은 이 문구는 내 기억 속에 오래 남아 있는데 의미는 우선 monolingualism은 쉽게 낫지 않는 증상으로서, 즉 외국어를 배우는 것이 참으로 쉽지 않음을 내포하고 있다. 또 다른 의미는 하지만 결국에는 나을 수 있는 병임을 이야기 하고 있으며, 외국어 정복이 결국엔 가능함을 선포하고 있는 희망의 메시지이기도 하다.

어제 한 현장교사의 특강이 있었다. 지방에 있는 이 청년교사의 크리에이티브와 열정이 느껴지는 특강이었다. 2년전 외대 주최 전국영어교사수업경연대회에서 은상을 받은 후 EBS에서 '나만의 최고영어수업'이라는 프로그램에 출연하였고 지금은 고2 내신을 위한 EBS TV강좌를 하고 있는 교사이다.

이분이 강의 맨 처음에 내가 소개한 것에 덧붙여 자신을 doctor라고 소개하였다. 내가 '아, 이분이 박사학위를 받으셨구나' 하면서 듣는데 이렇게 이야기한다.

"I am Dr. Kim. Well, I didn't get a doctoral degree. But I am a doctor who cures patients with English problem."

절묘하게 내 지도교수님의 연구실 문에 붙어있던 배너 문구가 생각이 났는데 외국어를 잘하지 못함을 병으로 진단한 것이 동일하여 놀라웠다. 그 배너가 다소 포괄적이고 선언적인 개념이라면 이 교사의 관점은 적극적이다. 의사는 자기 앞에 온 환자의 상태를 살피고 처방을 내린다. 제대로 된 의사라면 자신의 환자를 포기하지 않는다. 이 교사로부터 프로페셔널 의식이 묻어났다.

기대에 어긋나지 않게, 특강에서 이 교사는 귀납적 방법으로 문법 수업을 학생들이 흥미를 가지고 몰두케 하는 수업을 보여 주었다. 영어에 결코 적극적이거나 뒷받침도 잘되지 않은 시골 아이들을 위해 땀을 쏟고 있음을 우리에게 보여 주었다. 자기만의 차별적인 영어교육방법을 위해 애쓰는 선생님의 열정이 뿜어져 나오고 있었다.

영어공부를 왜 해야 하는지 잘 알고 있고, 가정에서 뒷받침이 되어 열심을 보이는 도시학생들을 지도하는 것은 어쩌면 쉬울 수 있다. 그러나 여건과 환경이 갖추어있지 않아 학습이 자꾸만 뒤로 밀려 어려움을 겪고 있을 뿐 아니라 이제 의욕도 상실한 학생들을 가르침은 인내와 창조의 수업이 아니면 어려운 일일 것이다.

조그만 지역의 시골 학교에서 성실과 열정으로 애를 쓰는 선생님을 볼 수 있음은 참으로 기쁜 일이다. 사명감으로 학생들을 섬기고 돕는 선생님들이 있어 우리는 행복하다. 환자를 맞이한 의사의 진지함으로 학생을 섬기는 선생님들... 그들은 진정한 프로페셔널이다.

〈2011년 4월 24일〉

10

박술음 전 학장의 추모집을 통해 얻은 뿌듯함

최근 박술음 전 외대 학장의 추모집을 읽고 있다. 원래 추모집이 재미있으리라고 생각한 적이 없지만 우연히 읽기 시작한 책이 재미있어 손에서 떼지 못하고 탐독하고 있다.

특별히 외대의 탄생의 비밀과 관련한 이야기가 흥미로웠다. 또 해방 직후인 1946년도에 문교부에서 편찬하는 첫 영어 교과서를 나라에 재정이 없어 을유문화사를 통해 인쇄하도록 주도하고 그 책을 집필한 이가 박술음 전 학장임을 확인한 것도 매우 흥미로웠다.

그 외에도 박술음 학장은 6.25 전쟁 중에 사회부 장관에 임명되어 전쟁 통에 어려워진 많은 이들에게 정직하게 물자가 돌아갈 수 있도록 청렴하게 애를 쓴 사실은 큰 귀감이 되었다. 정작 본인은 장관이었지만 여전히 판자촌에 살아간 그의 모습도 감동이었다.

학생들에게 늘 존댓말을 쓰면서 인격적으로 대한 그의 면모, 당시 영어와 관련하여 지식의 축적이 없던 척박했던 그 시절, 영문법의 해박한 지식으로 KBS라디오 강의를 통해 전국적인 선풍을 일으킨 이야기 등등 그 분의 모습이 여러 사람의 입을 통해 진지하게 그려져 있었다.

한국외국어대학을 설립하는데 실제적인 주역이 되어 당시 제자였던 백두진 총리 및 정부와 소통을 하면서 국립대학으로 설립되도록 힘을 쏟은 일, 그리고 이것을 이승만 대통령도 승인한 일, 그러나 정부의 재정문제로 불가피하게 사립대학으로 하도록 한 일, 그러나 그럼에도 외국인 교수들에겐 정부에서 월급을 지출한 일 등등... 특수외국어 고등전문교육기간으로서 외국어대학을 세우는데 여러 숨은 노력이 있었음을 깨닫게 되었다.

일본이나 중국이나, 즉 동경외대, 북경외대는 모두 국립대학임을 볼 때, 나라에서 해야 할 일을 한국에서는 사학에서 하게 된 과정을 알게 됨도 흥미진진할 뿐 아니라, 그 만큼 50년 넘게 외대가 감당하고 있음에 대하여 자긍심도 느끼게 되었다. 나아가 외대 설립 후 짧은 기간이 지난 60-70년대에 명문 5대 사학으로서 일으켜진 것은 참으로 대단한 것이라는 생각이 들어 뿌듯했다.

이렇게 애를 쓴 분이 있기에 오늘의 학교가 있음을 실감한다. 그분의 지인들이, 제자들이 소상하게 쓴 글들을 통해 박술음 전 학장의 공로를 알게 되었다. 이 학교가 그저 세워진 일반 사학 중 하나가 아니라, 이 나라 발전에 정말 필요한 학교로 그 역할이 참으로 소중했음을 느끼게 되었다.

〈2011년 12월 15〉

11

외국인 교수님 결혼 주례

외대에서 같은 전공으로 나와 함께 일한 적이 많은 Todd Jobbitt 교수가 지난 12월경 내게 이메일을 보냈다. 본인이 결혼한다면서 내게 주례를 부탁하였다. 신부는 국내 초등학교 선생님으로 외대에 연수차 왔다가 만나게 되었다고 한다.

제자들의 결혼주례를 몇 차례 해 준 적이 있지만 이렇게 동료 교수의 결혼에 주례를 부탁받기는 처음이었고 그것도 외국인이었기에 당황하였다. 그런데 다시 생각해 보니 이렇게 주례를 부탁해 주니 영광이었고, 이왕 하는 것 의미있게 잘해보아야 하겠다 싶었다. 한편 한국인과 외국인이 많이 참여할 이 중요한 행사에 내가 누가 되면 안 되겠다 싶어 은근히 걱정도 되었다.

외국인과 결혼하게 되기까지 신부는 얼마나 많은 생각이 있었을까 헤아려보면서, 또 먼 이방 땅에서 결혼하게 되는 이 외국인 교수의 마음도 헤아려보면서 두 분이 행복하고 축복의 결혼을 하도록 기도하게 되었다. 두 분의 결혼주례를 맡으면서 가장 많이 했던 생각은 다문화에 대한 것이었다. 서로 같은 배경의 사람들도 그렇게 문제가 많은데,

30년을 완전히 다른 문화체계에서 살다가 결합하는 이들 가정에 정말 포용과 이해의 기반 위에 있어야 함을 역설하였고, 문화적 차이가 약점이 아니라 오히려 강점이고 큰 자산으로 만들라고 당부하였다.

또, 단순한 감정으로 인해 결합되어선 안되며 사랑과 신의에 기초한 결단이 함께 있어야 함을 주례사에서 강조했다. 우리의 감정은 얼마나 수시로 바뀌는지... 순간의 감정에 충실한 것이 마치 진리인 양 시위하는 이 시대 문화가 얼마나 문제가 많은지 이제 새출발하는 부부에게 알려주고자 했다.

다섯째 아들인 이 Jobbit교수를 장가보내러 기록적인 매서운 추위에 미국에서 온 부모님과 친척들... 짓궂은 사회자가 마지막 신랑 신부 행진하기 전에 신부를 신랑이 끌어안고 소리를 외치게 하고, 만세 삼창을 시키기도 하는 등등의 행동이 다소 어색하기도 할 텐데 이 한국의 결혼식이 좋다며 웃는다.

신랑의 아버지와 인사를 하는데 이렇게 이야기한다. 'He is still a baby...'. 190cm 키의 장성한 아들이건만 결혼식에 참석하러 태평양을 건넌 아버지의 마음엔 아직 이 아들이 애기라고 하는데 얼굴에 안쓰러운 부정(父情)의 마음이 가득하다.

〈2012년 2월 6일〉

12

김명옥 교수님의 정년퇴임식 서정

정년퇴임식... 한 인생이 온 생애를 기울여 행하였던 노력의 발자국이 공식적으로 정리되는 행사이다.

지난 금요일에 영문과 김명옥 교수님의 퇴임식에 참여했다. 80년대에 영어교육과 학과장님도 하시며 나를 가르치시기도 하신 분이다. 영시, 그 중에서도 T.S Eliot 을 전공하신 교수님의 퇴임식은 같은 학과 교수님들과 영시를 전공한 제자들, 그리고 내게는 특별히 외대 신우회를 통해 교제한 소중한 인연이 있어 참석하게 되었다.

같은 학과 동료 손동호 교수님이 우리의 마음을 촉촉하게 해 준 자작 헌시로 운을 뗀 퇴임식은 분위기가 모두 시적 서정이 감돌아 우리의 마음을 조용한 감동으로 일렁이게 했다. 19세 소녀로 처음 외대에 온 김 교수님의 외대에서의 여정이 65세까지 걸어오시는 동안 맑고 순수했음을 동료로부터, 또 제자로부터, 많은 분의 입에서 흘러 나왔다.

평생을 시어머님을 모시고 살았던 세월... 직장과 가정을 병행하며 훌륭히 살아온 그 세월... 그런 그의 인생 중반에 함께 하신 예수님의 은혜로 더더욱 새 인생을 기쁨으로 살게 되었다는 교수님의 고백이 아름답다고 느꼈다. 총신대 신학 교수였고 현재 와싱턴중앙장로교회 담임인 류응렬 목사가 대학원 조교 시절 김 교수님을 통해 신앙을 접하고 훌륭하게 성장한 것을 생각하면 학생들에게 얼마나 삶의 모범을 보이며 바르게 사셨는지를 짐작할 수 있다.

퇴임식 말미에 김 교수님과 함께 성경공부를 했던 제자들의 특송과, 마지막에 부른 '스승의 은혜'는 부르는 이들이나 이를 듣는 김 교수님은 물론, 내게도 눈물이 맺히는 순간이었다. 백목련같이 순수하게 살아 온 김 교수님의 모습이 동료 교수님들에게나 제자들에게나 깊은 영감을 주었기에 이 퇴임식이 영롱한 이슬같은 서정적 감동이 있음을 느꼈다.

김 교수님은 이제 원주로 귀농하시게 되신다며 원주로 오면 구수한 된장찌게 끓여주시겠노라고 하셨다. 이제 이름 없는 풀과 돌멩이를 보며 이 우주에 꽉 찬 하나님을 발견하고 예배하는 기쁨의 삶을 사실 교수님... 정말 한 번 원주에 가 커피 한잔하며 새로이 발견하신 우주를 전해 듣고자 하는 마음이 들었다.

〈2012년 4월 1일〉

13

오바마 대통령의 외대 강연

오바마 대통령이 학교에 왔다. 한국의 대학에 미국 대통령이 방문하는 것은 역사상 유례없는 일인데 외대가 선택을 받았다.

10시 40분에 연설 시작한다고 하는데 8시까지 오라고 연락을 받았다. 외대 학생 700여 명과 교수들 100여 명이 함께 하였다. 나야 그렇다 하더라도 나이 지긋한 많은 교수들도 그 오랜시간 끈기 있게 기다림을 보니 미국대통령이라는 거대 권력이 새삼 실감이 났다. 그런데 속속 도착하는 유명 인사들을 보면서 실제 기다림이 그리 길게 느껴지지는 않았는데 한승수 전 주미대사, 정몽준, 이문열, 성 김 주한미국대사, 주한 미사령관, 여야 국회의원 등등 매스컴에서 많이 본 인물들이 들어와 저편 앞쪽에 앉는다.

장내를 둘러보면서 오바바 방문을 위해 준비에 만전을 기하느라 애쓴 학교 측의 노고도 만만치 않았을 것이라는 생각이 들었다. 몇 날 며칠 미대사관 측과 협의하며 조그만 것까지 함께 준비하느라 애를 먹었다는 이야기를 들은 바가 있었다.

이윽고, 'Ladies and Gentlemen, The President of the United

States…' 라는 멘트가 나오자 천막 뒤에서 한 손을 번쩍 들고 만면에 웃음으로 나온 오바마… 바로 그였다. 매스컴에서 접하던 그 얼굴 그대로이다. 그리고는 첫 마디가 '박철 총장이 조금 전 자신을 명예동문으로 해 주었다'고 하니 청중으로부터 탄성과 박수가 터진다. 연이어 '외대의 외국어교육과정은 세계 최고로 손꼽힌다'며 추켜 세우고 자신은 할 줄 아는 한국어 한마디가 '감사합니다'라고 이야기 하니 청중의 웃음과 함성이 나왔다. 센스있는 연설가로서 청중의 호응을 이끌어내는 탁월함이 돋보이는 순간이었다.

핵 안보에 대한 그의 생각은 신문에 많이 언급이 되어 그리 특별하지는 않았지만, 그의 호소력 있는 연설 태도는 인상적이었다. 특히 북한 정권에 대한 인간적 호소를 할 때는, 아마도 듣는 모두의 마음을 움직였을 것 같고 집중하게 한 순간이었다. 또 몇 가지 구사했던 한국어, 예를 들면 '한류', '같이 갑시다' 등등도 기억이 나는 장면이었는데 외운 것인지 대본 한번 보지 않고 한국어를 구사했는데 '카카오톡'을 이야기할 땐 모두 깜짝 놀랐다.

세련된 매너와 청중을 휘어잡는 표정… 자연스런 아이 컨텍트, 말의 강약을 구사하는 감각… 북한정권을 이인칭으로 하여 구사하는 화술능력 등등… 한 차원 높은 강연을 듣는 듯 했다.

〈2012년 3월 28일〉

14

총장 후보로부터 얻은 영감
- 아이와 함께 뛴 생애 첫 마라톤 풀코스 -

작년에 총장 후보로 나온 김인철 교수와 함께 커피를 한 적이 있다. 외대 총장은 직선제이기에 총장 후보들은 일일이 교수들을 만나 얼굴을 알리고 자신의 비전을 이야기하는 것이 관례다. 그때 김 교수는 자신이 느지막하게 마라톤을 시작했고 국제마라톤대회를 11회나 완주한 바가 있다고 내게 이야기하였다. 들으면서 나는 자신과의 외로운 싸움인 마라톤이 주는 매력에 대해 생각해보았고, 완주에서 오는 인생의 교훈이 있겠다고 막연히 생각만 했다.

그러다가 예전에 버킷리스트(Bucket List)라는 책을 읽고 또 영화를 본 후에 나도 한번 버킷리스트를 한번 써 보아야겠다고 생각한 적이 있었고 그중에 하나가 풀코스 마라톤 완주이었음을 나중에 기억할 수 있었다. 총장 후보인 김 교수와의 만남에서 들었던 마라톤 이야기를 다시 상기하면서 50이 넘은 나이였지만 나도 마라톤을 할 수 있지 않을까 깊이 생각해 보게 되었다. 그러고보니 대학 재학 중 축제 때 마라톤을 뛴 경험도 있음이 기억이 났다. 특별히 사춘기 질풍노도 격동의 시기를 지나고 있는 중2 둘째 아들이 어릴 때부터 뛰는 것을 좋아했었기에 함께 마라톤을 하는 것이 좋은 공유의 시간이 될 수 있을 것으로 생각했다. 아이는 4살, 5살 시절에 넓은 공간만 보면 "아빠 뛸까?"하며 나를 쳐다보았고, 실제 초등학교 6학년 때와 중학교 1학년 때 서울시 육상대회에서 2년 연속 800미터 우승을 한 적도 있었다.

아이에게 맨 처음 마라톤 이야기를 꺼냈을 때는 일언지하에 거절당하였다. 그래도 꾸준히 접근하였는데 인생의 소중한 교훈을 얻을 수 있는 진짜 남자다운 멋진 스포츠임을 강조하며 인내심있게 이야기를 하였다. 계속 꾸준히 이야기하니 달리기를 좋아하는 아이의 마음이 서서히 움직였고 결국 해보겠다고 하여 작년 가을부터 중랑천변에서 함께 연습하기 시작했다.

그러다가 일주일 전 드디어 마라톤 대회에 참가했다. 중2, 15살이 참가가 가능한 국내대회가 없었던 터라 검색하다가 남녀노소 모두를 받아주는 LA 마라톤대회(Asics LA Marathon 2014)에 참여하게 되었다. 마일리지 보너스를 이용하여 그야말로 주말을 이용하여 3박 4일로 후딱 다녀온 것인데, LA 도착 다음 날 진행본부에서 번호표를 교부 받았다. 그리고 그 다음 날 새벽에 다저 스테이디엄(Dodger Stadium)에 22,000명이 모여 출발, 산타모니카 (Santa Monica)해변까지 달렸는데, 우리가 잘 아는 할리우드대로 (Hollywood Boulevard)를 거쳐 베버리힐즈(Beverly Hills)와 로데오거리(Rodeo Drive)를 거쳐 가는 꽤 인상적인 코스였다.

아이와 함께 뛴 이 생애 첫 마라톤에서 아이 그리고 나 모두 완주하였다. 42.195km... 말로만 듣던 그 거리를 말이다. 나는 6시간 6분,

그리고 아이는 나보다 50분 일찍 들어왔다. 힘들었을텐데 포기하지 않고 끝까지 뛰어 준 아이에게 고맙고 또 50이 넘은 나이인데 나 스스로도 첫 마라톤 대회에서 Finish Line을 밟았다는 사실이 무척 흥분이 되었다. 완주 메달을 받는데 마치 금메달을 목에 거는 것 같았다.

35km가 고비라는 말을 모두 하던데 그 지점에서 발목이 으스러질 것 같고 무릎 연골이 마치 다 닳아 없어져 뼈와 뼈가 부딪치는 것 같은 아픔을 느꼈다. 그래도 나 혼자 뛰는 것이 아니라 같이 뛰니 뛸 수 있었고 특히 길가의 사람들이 번호표에 있는 내 이름을 부르며 격려하니, 걷고 싶을 때 걷거나 주저앉지 않고 그때마다 다시 힘을 낼 수 있었다. 대학시절 축제 때 뛰었던 마라톤에서 인근 이문동, 석관동을 돌고 마지막 교내로 진입을 할 때, 같은 학과 김학모 선배가 교문을 진입하며 들어오는 나를 보자 기뻐하며 힘을 내라 소리치고 격려하며 함께 뛰던 것이 생각났다. 격려와 응원의 힘이 얼마나 소중한지 새삼 느끼게 된다.

인생은 마라톤이라고 하는데, 천리길도 한 걸음부터라고 한다. Start Line에서 첫 걸을 내딛고 6시간을 뛰니 막막했던 Finish Line에 결국 도달했다. 그리고 완주 메달을 목에 걸을 수 있었다. 인생에 중요한 것은 첫걸음을 떼는 것이고 그리고 성실하게 앞으로 나아가는 것이다.

더불어 사춘기를 지나가는 아이와 함께 뛰면서 공감대를 형성하고, 같이 연습하면서 말을 이어가고 LA까지 함께 다녀오니 좋은 대화의 장이 되었다. 나 자신도 건강을 증진하고 자신감도 높이는 좋은 기회였음은 물론이다.

〈2014년 3월 18일〉

*
후기

　LA에서 뛰었던 그때의 경험 이후, 나는 아이와 함께 하프마라톤, 10km 마라톤 등 몇 차례 더 뛸 기회를 가질 수 있었다. 레이스 초반의 격한 숨이 지나가고 조금만 더 인내하면, 숨 쉼이 일정한 상태로 고요가 찾아오고 귓가에 스치는 바람이 상쾌하며 엔돌핀이 생성되는 것을 경험한다. 인내한 후 찾아오는 이 고요의 단계를 느끼며, 바로 마라톤이 고난의 강을 건너가며 성숙해 가는 우리 인생과도 비교되는 것이 아닌가 싶다.

15

외대 입사 동기, 홍원표 교수

2003년 한국외대로 임용되어 올 때 같이 임용된 동기들이 20명이 넘는다. '오존회'라는 이름으로 지금도 한 학기에 한 번씩 만나 여행을 가거나, 식사를 같이하니 동기로서 위로도 되고 정이 많이 들었다. 그중에 한 분인 홍원표 교수가 이번 8월 말에 정년퇴임을 하게 된다. 우리 동기로서는 첫 정년퇴임이다. 홍 교수는 동기들보다 10-15년 이상 많은 연배인데 강사 생활을 참으로 오래 하다가 50이 되어서야 전임이 되었으니 많은 고생을 한 편이다.

정치철학자 한나 아렌트의 전문가인 홍 교수는 정년 마지막 학기임에도 매일 연구실에 일찍 나오며 꾸준히 연구하는 모습이 참으로 인상적이었다. 하얀 머리를 쓸어 넘기면서 학문연구의 열정을 불태움을 옆에서도 감지할 수 있었다. 한나 아렌트가 평생에 걸쳐 사유에 관해 탐구한 그녀의 말년의 책인 '정신의 삶' 번역을 정년 마지막 학기인 6월에 드디어 완성 출간함은 홍 교수가 30년간 아렌트를 연구하고 아렌트 학회 회장을 역임한 경력을 볼 때 아마도 가슴에 품은 마지막 미션이 아니었나 싶다.

오늘 연구동에 들어서는데 이제 조금 있으면 연구실을 비워주어야 할 홍 교수가 짐을 싸고 있음을 보았다. 땀을 연신 흘리면서 책을 옮기고 있다. 그렇지만 연구실 안에는 밝은 재즈 음악이 흘러 홍 교수의 낭만적 성품을 엿볼 수도 있어 내 입가에 웃음이 일었다. 연구실 가득 찬 책 가운데 일부는 처분하고 일부는 집에 두고 나머지 일부는 시골에 두겠다고 한다.

30년 학자의 삶을 이제 정리하는 그 모습을 보면서 한나 아렌트가 강조한 '타인에 대한 고통을 헤아리는' 삶을 한 평생 살아간 한 성실한 학자의 발자취를 가늠해본다.

〈2019년 7월 24일〉

16

나의 첫 외국인, Riddicoat 교수님께 감사

5년 전에. 학과의 50주년 행사를 기념하기 위한 행사를 준비하다가 참으로 오래간만에 발견한 얼굴이 있었다. Blair Riddicoat 교수... 대학 1학년 때, 내 일생에서 내가 이야기해 본 첫 원어민 (중학교 1학년 때 경복궁에서 친구들 앞에서 으스대려고 어느 외국인에게 느닷없이 몇 시냐고 한번 물었던 것을 제외하면)이어 잊을 수 없는 분이다.

당시는 중학교 1학년이 되면 처음 영어를 알파벳을 쓰는 것부터 공부했던 시절이다. 원어민 선생님은 중·고 시절에 생각할 수 없던 시절이고, 또 중고등학생이 다니는 학원에 원어민 선생님이 없던 시절이다. 영화에서 외국인을 보았고, 어쩌다가 시내에서 길거리에 지나가던 짧게 머리 깎은 미군을 보는 정도였다.

1980년, 한국외대 영어교육과 1학년 때 영어회화 시간에 이 분을 처음 만났다. 일주일에 두 번 있던 회화 시간에서 이 분과의 만남은 설레고 흥분되는 일이었다. 좁은 얼굴형에 긴 머리를 찰랑찰랑, 그리고 당시 좀처럼 볼 수 없었던 코밑의 팔자수염과 투박하고 넓적한 갈색 구두, 또 팔뚝에 무성하게 있었던 노란 털... '아... 미국사람이구나' 하며 신기하게 바라보던 것이 생각난다.

교과서 대화문을 외워 중간고사를, 또 2학기 기말고사로 크리스마스 캐롤을 외워 노래하는 것으로 했었는데 나는 Dashing through the snow (흰 눈 사이로)를 외워 불렀다. 친구들이 자기가 정한 캐롤을 반복 연습하며 외우면서 크리스마스를 앞둔 시점에 서로를 바라보며 들뜨던 느낌도 기억나고, 나는 시험을 보다가 중간에 살짝 버벅거려 그랬는지 성적이 원하던 만큼 안 나와 실망했던 기억도 난다.

페이스북에 내가 만난 첫 원어민이라고 소개하며 Riddicoat교수 사진을 올렸는데, 페이스북 친구인 Frank Concilus교수님으로부터 연락이 왔다. Riddicoat교수와 지금도 연락을 주고받는다면서 이분의 연락처를 내게 전해 주었다.

그리하여 이메일로 서신을 주고 받았다. 1980년에 1학년으로 첫 원어민 선생님으로서 배웠다고 하니 무척 반가워하셨다. 미국의 어느 College의 부학장으로 재직 중이라 하시며 곧 정년 퇴임한다는 이야기를 하였다. 이렇게 40년 만에 연락이 되니 신기하고 또 감사했다. 내가 영어교육을 전공하고 그 학과에 교수로 있음에 대하여 생각해 보면 지금까지 많은 분의 도움이 있는데 Riddicoat교수도 그중의 한 분임에 틀림이 없다.

17

코로나의 춘래불사춘(春來不似春)

오늘은 2020년 3월 17일, COVID-19로 봄 학기 개강이 2주 늦추어져 오늘이 수업 이틀째가 되었다. 어제부터 개학이 되었지만 학교 캠퍼스에서 수업이 있는 것이 아닌 온라인강의로 진행하고 있다. 그것도 갑자기 많은 이가 몰리는 바람에 시스템이 다운되어 제대로 수업도 못하는 사태가 발생했다. 춘래불사춘(春來不似春), '봄은 왔지만 봄 같지 않다' 이 말은 매번 봄이면 들어왔던 말이건만 올해같이 정말 그러하다고 동의한 적은 없는 것 같다.

봄은 왔지만 봄 같지 않은 것처럼, 공식적으로 개학은 되었지만 개학은 오지 않은 것 같다. 평소 같으면 학교는 지금 들 떠 있는 때이다. 물론 80-90년대의 학내 게시판에 차고도 넘쳤던 동창회, 향우회, 서클 신규회원 모집 등 각종 공고들은 없어진 지 오래이지만 그래도 봄의 기운 속에 새로운 한 학기 시작은 가슴 설레게 하는 낭만이 있는 때이다. 개나리라도 피고 벚꽃이 피면 더더욱 마음은 들뜨고, 캠퍼스에서 선배를 만나고, 1학년 후배를 새로이 만나며 생동감 넘치는 그런 때가 아니었던가...

개학 이틀째인 오늘 다녀온 학교 모습은 을씨년스럽다. 대학 본부의 현관은 테이프로 출입문을 막아 놓아 썰렁하기만 하고, 농구장에 주저 앉혀진 농구 골대에 붉은 테이프를 둘러 접근을 막아 놓은 모습이 안쓰럽다. 2020학번 신입생들은 아직 학교에 와 보지도 못했고, 서로 얼굴도 본 적이 없다. 벅찬 대학 신입생들의 꿈과 활력을 담아낼 곳은 캠퍼스에 보이지 않는다.

1980년에 대학 신입생으로서, 당시 전두환 신군부의 쿠데타 기도로 야기된 '서울의 봄' 시절 내가 경험했던 긴 휴교 기간이 생각났다. 당시는 인터넷도 없던 시기였기에, 1980년 봄 학기에 우리는 리포트 과제를 우편으로 받고 우편으로 보내 성적이 나왔는데 그때 비교해보면 그래도 지금은 수업은 온라인으로 진행이 되니 다행이다.

어제 대학원 강의를 온라인으로 해 보았다. 난생 처음 해보는 온라인 실시간 강의이다. 다행히도 무리 없이 진행이 되었다. 자료를 함께 볼 수 있고 서로 간의 질문과 토론이 있으니 숨통은 트이는 것 같기는 하다.

언제까지 이리 해야 할지... 들리는 말은 여름까지 이대로 가지 않을까 하는 염려섞인 말도 들린다. 어리바리하고 수줍지만 밝은 신입생들을 속히 만나고 싶다. 취업의 긴장 속에 새 학년을 시작하는 4학년들, 이제 갓 신입생 티를 벗은 2학년들, 이제 고참이 되어가는 3학년들을 만나 커피 한잔 하고 싶은 마음이다.

18

임용고시 합격자 부모님께 보내는 편지

　매해 마다 학과 동문회에서는 임용고시에 합격하여 중고등학교 교사로 신규 임용된 졸업생들에게 꽃다발을 각 교무실로 보내어 축하한다. 한편 올해 나는 학과장으로서 각 합격자 부모님께 자랑스러운 자녀를 양육한 것에 대하여 축하와 감사의 편지를 보냈다. 사랑하는 자녀가 때로는 재수 아니 삼수도 불사하여, 고대하던 임용고시에 드디어 합격하여 이제 교사로서 교단에 섰으니, 그 자녀를 바라보는 부모의 마음은 얼마나 가슴 벅찰 것인가?
　다음은 이번에 임용고시에 합격한 이채연 졸업생의 부모님께 보낸 것이다.

이채현 부모님께,

안녕하세요?
저는 채현 양이 졸업한 한국외국어대 영어교육과 학과장인 이길영 교수입니다.

채현 양이 성실함과 혼신의 노력을 다해 2025년도 교원 임용고시에서 합격하게 된 것을 축하합니다.

그간 공부하느라 애를 썼을 터인데 각고의 노력을 다해 드디어 합격증을 받은 채현 양의 소식을 지난번에 들으면서 큰 기쁨이 있었습니다. 채현 양의 합격은 본인의 열정과 노력 이외에도 부모님의 한결같은 지원과 기도가 있지 않았다면 결코 이룰 수 없었을 것이기에 이에 부모님께도 축하의 말씀과 감사를 드립니다.

바야흐로 연중 가장 아름다운 계절인 5월입니다. 햇빛에 비친 연두빛 신록을 보며 어린 생명의 섬세함을 느끼게 되고 아울러 성장을 기대할 수 있음은 살아있음의 환희입니다. 5월 15일은 스승의 날입니다. 임용 후 첫 '스승의 날'을 맞이하는 채현 양은 이제 선생님으로서 제자들로부터 감사의 손 편지도 받고 꽃도 받는 순간이 있을 것인데, 채현 양의 부모님께는 제가 감사하다는 편지를 드려야 할 것 같아서 이 편지를 드리게 되었습니다.

지금까지 부모님께서 채현 양을 잘 키워주시고 물심양면으로 도와주셔서, 이렇게 후학을 가르치는 보람 있는 일을 할 수 있게 되니 얼마나 자랑스럽고 대견하실지요. 부모님께서 따님을 외대 영어교육과로 보내 주시고, 4년간 열심히 공부할 수 있도록 지원해 주셔서 이렇게 큰 성과를 이루어 냈습니다. 부모님께 깊이 감사드립니다.

이제 채현 양이 학생들을 열정으로 가르치고, 학생과 함께 삶을 살아내는 멋진 교사가 되어 존경받는 교사로 성장해 갈 줄 믿습니다. 따님을 통해 다음 세대가 건강하게 자라 이 사회의 인재로 커 가는 모습을 보실 수 있을 것입니다. 부모님께서 계속 관심을 가지시고 성원해 주시기를 바랍니다. 다시 한번 따님의 교사 임용을 축하하며 부모님께 감사를 드립니다.

늘 건강하십시오.

2025. 5. 13

한국외대 영어교육과
학과장 교수 이길영 드림

위 편지를 받고 신임교사인 이채현 졸업생의 답이 왔다. 총동문회에서 교무실로 보낸 신규임용 축하 화환과 아울러 내 편지에 어머니가 고마워 하셨다면서 다음과 같이 써 보냈다.

교수님 안녕하세요,

한국외대 18학번 영어교육과 이채현입니다.
바쁘실 텐데 교무실 합격 축하 꽃바구니와 부모님 편지 정말 감사드립니다. 부모님께서 교수님 편지 받으시고 감동의 눈물을 흘리셨습니다.
교직 생활의 첫걸음을 진심으로 응원하고 격려해 주신 덕분에 학교를 잘 적응하

> 면서 다니고 있습니다. 외대에서 졸업생을 이렇게까지 챙겨주냐고 하시면서 외대 영어교육과의 실력과 교수님들과 총동문회의 응원에 놀라셨습니다.
>
> 졸업해 보니 저희 학교가 얼마나 좋은 학교이고 얼마나 좋은 교수님들께서 계시는지 깨닫고 있습니다. 교수님 정말 존경하고 사랑합니다!

학과장으로서 대학 4년을 열심히 훈련받고 어려운 임용고시에 합격한 제자를 생각하면 기쁘고 고마운 마음이다. 그러한 나의 마음을 이 제자가 알아주는 것 같아 이 또한 기쁜 마음이다. 어머니도 알아 주시는 것 같아 감사한 마음이다. 어쩌면 세상에 결코 드러나지 않는 교사의 직임, 그러나 참으로 중요한 사명인 후학을 키우는 보람을 누리며 살아갈 제자들이 기특하고 자랑스럽다.